*Roger Money-Kyrle*
*Die Psychologie von Krieg und Propaganda*

In diesem ersten Band der »Ausgewählten Schriften« werden Money-Kyrles hierzulande weitgehend unbekannten Beiträge zu sozialanthropologischen und politischen Fragen erstmals in deutscher Sprache vorgelegt. Diese wurden entscheidend mitgeprägt von der Auseinandersetzung mit dem nationalsozialistischen Deutschland. Im Oktober 1932 wurde er Zeuge einer Veranstaltung, bei der Goebbels und Hitler sprachen. Seine minutiöse Analyse der Wirkung von Propaganda auf die ekstatische Masse lässt sich fast unverändert auf heutige Verhältnisse übertragen. Unmittelbar nach Ende des Zweiten Weltkriegs hielt er sich abermals in Deutschland auf, um im Auftrag der Alliierten Kontrollkommission zu untersuchen, welche Individuen in einem demokratischen Deutschland Verantwortung übernehmen könnten.

Dem Band ist eine autobiografische Notiz Roger Money-Kyrles vorangestellt.

*Roger Money-Kyrle*, 1898–1980, war ein britischer Psychoanalytiker. Er kämpfte im Ersten Weltkrieg und wurde in Frankreich verwundet. In seinen Schriften »A Psychological Analysis of the Causes Of War« (1934) und »The Development of War« (1937) sah er die Gefahr des Naziregimes voraus.

*Heinz Weiß*, Prof. Dr. med., Psychoanalytiker, Chefarzt der Abteilung für Psychosomatische Medizin am Robert-Bosch-Krankenhaus, Stuttgart, Leiter des Medizinischen Schwerpunktes und Mitglied des Direktoriums am Sigmund-Freud-Institut, Frankfurt; Chair der Education Section des International Journal of Psychoanalysis, Guest Member der British Psychoanalytical Society. Bei Brandes & Apsel sind erschienen: *Ödipuskomplex und Symbolbildung* (1999; 2. Aufl. 2013 bei Brandes & Apsel) und gemeinsam mit Esther Horn *Trauma und unbewusste Phantasie* (2018), *Zeitlose seelische Zustände* (2019) und *Wiederholung und Wiederholungszwang* (2020).

*Claudia Frank*, Priv.-Doz. Dr.in med., Psychoanalytikerin in eigener Praxis in Stuttgart, Lehranalytikerin der DPV/IPA. 1988–2001 in der Abteilung für Psychoanalyse, Psychotherapie und Psychosomatik der Universität Tübingen, zuletzt als Kommissarische Leiterin. Guest member der British Psychoanalytical Society. 2016–2018 Leiterin des zentralen Ausbildungsausschusses der DPV. Veröffentlichungen zur Theorie, Technik und Geschichte der Psychoanalyse (u. a. eine Monografie zu Melanie Kleins ersten Kinderanalysen) sowie zur angewandten Psychoanalyse (u. a. zu Giacometti und Morandi). Mithg. des Jahrbuchs der Psychoanalyse. Zusammen mit Heinz Weiß Hg. verschiedener Bücher zur Kleinianischen Psychoanalyse. Zuletzt zusammen mit A. Kidess: *Zur Psychoanalyse im Hier und Jetzt*.

Roger Money-Kyrle

# Die Psychologie von Krieg und Propaganda

Ausgewählte Schriften Band I

Herausgegeben und kommentiert
von Heinz Weiß und Claudia Frank

Aus dem Englischen übersetzt
von Antje Vaihinger

Brandes & Apsel

1. Auflage 2022


DTP: Brandes & Apsel Verlag
Umschlagabbildung: Pixabay
Druck: Druck: Franz X. Stückle Druck und Verlag e. K., Stückle-Straße 1, 77955 Ettenheim, Germany
Kontakt: technik@stueckle-druck.de
Gedruckt auf einem nach den Richtlinien des Forest Stewardship Council (FSC) zertifizierten, säurefreien, alterungsbeständigen und chlorfrei gebleichten Papier.

Bibliografische Information der Deutschen Nationalbibliothek:
Die Deutsche Nationalbibliothek verzeichnet diese Publikation in der Deutschen Nationalbibliografie; detaillierte bibliografische Daten sind im Internet über www.ddb.de abrufbar.

ISBN 978-3-95558-299-9

# Inhalt

# Vorwort der Herausgeber

Die hier in der deutschen Übersetzung durch Antja Vaihinger vorgelegten *Ausgewählten Schriften* von Roger Ernle Money-Kyrle (1898–1980) entsprechen einem seit Langem bestehenden Desiderat, sein umfassendes psychoanalytisches, sozialanthropologisches und philosophisches Werk der deutschsprachigen Leserschaft zugänglich zu machen.

Es ist erstaunlich, dass einzelne zentrale Arbeiten Roger Money-Kyrles zwar immer wieder auch im deutschen Sprachraum zitiert werden, eine systematische Rezeption seines Werkes bisher aber nicht stattgefunden hat. Dieser Umstand überrascht umso mehr, als die Auseinandersetzung mit der deutschen Geschichte und Kultur über viele Jahre hinweg im Mittelpunkt seines Lebens und philosophischen Interesses stand: Er wurde im Ersten Weltkrieg als Kampfpilot des *Royal Flying Corps* von einem Mitglied der deutschen Richthofen-Staffel (wie er meint, möglicherweise von Hermann Goering) abgeschossen, promovierte zu Beginn der 1920er Jahre in Wien bei Moritz Schlick, einem Schüler von Ernst Mach und Begründer des »Wiener Kreises« des logischen Empirismus, mit einer Arbeit »Beiträge zur Wirklichkeitslehre« – einem Thema, das auch in seinem späteren psychoanalytischen Werk eine wichtige Rolle spielt. Gleichzeitig setzte er in Wien seine 1919 bei Ernest Jones in London begonnene Analyse bei Sigmund Freud fort. Auf einer Erkundungsreise nach Wien hatte er auch seine spätere Frau, die Anthropologin Helen Fox, wiedergetroffen. Bald darauf heirateten sie und noch in Wien wurde der älteste Sohn geboren.

Nach Abschluss seiner Dissertation im März 1925 kehrte die Familie nach London zurück, wo Money-Kyrle bei John Flügel[1] am University College mit seiner Studie *The Meaning of Sacrifice* (1928) einen zweiten

1 John Flügel war Psychologe und Psychoanalytiker, hatte in Deutschland (Würzburg) und London studiert, wo er als Professor am *University College* lehrte. Nach seiner Analyse bei Ernest Jones war er an der Begründung der Britischen Psychoanalytischen Gesellschaft sowie des *International Journal of Psychoanalysis* maßgeblich beteiligt. Von 1919 bis 1924 war er Zentralsekräter der Internationalen Psychoanalytischen Vereinigung.

philosophischen Doktorgrad erlangte. Dies war seine erste psychoanalytische Arbeit im engeren Sinn, und die Untersuchung der Opferkulte in den verschiedenen Kulturen ging in seine spätere Analyse des Über-Ich ein. Die Untersuchung erschien, versehen mit einem Vorwort von John Flügel, 1930 bei *Hogarth* unter der Herausgeberschaft von Leonard und Virginia Woolf. Sie brachte ihm die Ernennung zum *Fellow* des *Royal Anthropological Institute* sowie die assoziierte Mitgliedschaft in der Britischen Psychoanalytischen Gesellschaft ein.

In den 1930er Jahren geriet Roger Money-Kyrle mit den neuen und einflussreichen Ideen Melanie Kleins in Kontakt. John Rickman überzeugte ihn 1936, eine Analyse bei Melanie Klein aufzunehmen, die er über den gesamten Zweiten Weltkrieg hinweg fortsetzte, während er gleichzeitig für das Luftfahrtministerium arbeitete. Während dieser Zeit veröffentlichte er eine Reihe weiterer Bücher, darunter *The Development of Sexual Impulses* (1932a), *Apasia. The Future of Immorality* (1932b) und *Superstition and Society* (1939), die die Verbindung zwischen psychoanalytischen, kulturanthropologischen und philosophischen Themen vertiefen und gleichzeitig den wachsenden Einfluss kleinianischer Ideen bezeugen. Doch findet sich bereits in seinem 1932 erschienen Buch *The Development of Sexual Impulses*, in dem die Theorien Kleins noch keine Rolle spielen,[2] eine Passage, in der es heißt, Begierden könnten entäußert und in andere verlagert werden, die deren Ausführung übernähmen (Money-Kyrle 1932a, S. 157ff.) – eine deutliche Vorwegnahme jenes Vorganges, den Melanie Klein (1946) später »projektive Identifizierung« nennen wird (vgl. Frank, Weiß 2007).[3]

Die Auseinandersetzung mit projektiven und introjektiven Vorgängen sowie deren Rolle beim Aufbau des Über-Ich und der Entwicklung sozialer Strukturen hatten Roger Money-Kyrle schon früh beschäftigt. Dies waren zentrale Aspekte von Freuds Theorieentwicklung zu jener Zeit, als

2 Das erste Buch, in dem der Einfluß kleinianischer Ideen deutlich in Erscheinung tritt, ist die 1939 veröffentlichte Schrift *Superstition and Society*. Sie erschien unter der Herausgeberschaft John Rickmans als dritter Band der Reihe *Psychoanalytical Epistomes* nach dem von Melanie Klein und Joan Riviere verfassten Buch *Love, Hate and Reparation* (1937).

3 In derselben Arbeit hatte er betont, dass die »Introjektion (...) nicht ein in sich geschlossener Prozess ist, sondern die Reintrojektion von etwas, das zuvor projiziert wurde« (Money-Kyrle 1932a, S. 160; Übers. d. Hrsg.).

Money-Kyrle bei ihm in Analyse war. Sie spiegeln sich unter anderem in Freuds Arbeiten *Massenpsychologie und Ich-Analyse* (Freud 1921c) und *Das Ich und das Es* (Freud 1923b) wieder, die Money-Karle in seine eigenen Konzeptualisierungen einbezog.

Aber natürlich fließen hier auch biographische Erfahrungen mit ein: Roger Money-Kyrle wuchs als jüngster von vier Geschwistern auf dem elterlichen Gut Whetham, Wiltshire, auf. Sein einziger, vier Jahre älterer Bruder war kurz vor seiner Geburt an den Folgen einer Spina bifida-Erkrankung verstorben. Den Erwartungen seiner aus einer alten Aristokratie hervorgehenden Familie entsprechend, wurde er im Alter von zehn Jahren auf das Internat von Eton geschickt. Noch zu Beginn der Internatszeit verstarb sein Vater, der ebenso wie der Großvater bei der Armee gedient hatte und Vorsteher (*Deputy Lieutenant*) der Grafschaft Hertfordshire war. Die Mutter heiratete nicht wieder.[4] Schon früh entwickelte er ein Interesse an der Physik und war von den Ideen Albert Einsteins begeistert. Nach dem Einsatz im Ersten Weltkrieg schrieb er sich am *Trinity College* der Universität Cambridge[5] zunächst für Naturwissenschaften, dann für Wirtschaftswissenschaften ein, während er zeitweise in London als Angestellter in einer Bank arbeitete. Dies war die Zeit, als er sich bei Jones in Analyse begab, bevor er mit seiner Frau nach Wien übersiedelte.

Roger Money-Kyrle entwickelte seine Ideen in einer Zeit, die durch zwei verheerende Weltkriege und die faschistische Transformation eines Teils der europäischen Gesellschaft gekennzeichnet war, welche zuvor bedeutende kulturelle Leistungen, darunter die Entwicklung der Psychoanalyse, hervorgebracht hatte. Dementsprechend ist sein Werk von der Anwendung psychoanalytischer Erkenntnisse auf gesellschaftliche und politische Fragen durchzogen – auf Fragen, die nicht nur die Geschehnisse seiner Zeit prägten, sondern gerade auch heute überaus aktuell wirken.

4 Money-Kyrle erwähnt die Erinnerungen an die liberale und fortschrittliche Atmosphäre seines Elternhauses, seine Mutter, die seine wissenschaftlichen Interessen beförderte, und das feinfühlige Verständnis seines Vaters, der überzeugt war, dass wirkliche Veränderungen stets von innen kommen, gegen Ende seines Vorworts zu *Man's Picture of His World* (1961, S. 12–13).

5 Am gleichen College hatte ab 1911 auch Ludwig Wittgenstein studiert, der ebenfalls dem Wiener Kreis um Moritz Schlick nahestand.

1932 hielt er sich abermals in Deutschland auf und hatte Gelegenheit, auf einer politischen Veranstaltung die Wirkung der faschistischen Propaganda zu analysieren. Seine diesbezügliche Arbeit (Money-Kyrle 1941), in der er die Reaktion der elektrisierten Masse auf die Reden von Hitler und Goebbels beschreibt, war bis zum Erscheinen dieses Bandes nicht in deutscher Sprache erschienen.

Unmittelbar nach Ende des Zweiten Weltkrieges folgte er einer Anregung John Rickmans und wurde Mitglied einer Projektgruppe der Britischen Kontrollkommission in Deutschland (*German Personnel Research Branch)*, die herausfinden sollte, welche Individuen beim Wiederaufbau einer demokratischen Gesellschaft Verantwortung übernehmen könnten. Seine darauf fußende Beschreibung verschiedener Persönlichkeitsstrukturen, die er nach dem Zusammenbruch des nationalsozialistischen Deutschland vorfand, ist nicht nur ein einzigartiges zeitgeschichtliches Dokument, sondern auch eine grundlegende Analyse der humanistischen, autoritären und faschistischen Persönlichkeit, die bis heute Gültigkeit hat (Money-Kyrle 1951a).

Für seinen Aufenthalt im Nachkriegsdeutschland des Jahres 1946 hatte Money-Kyrle seine persönliche Analyse bei Melanie Klein vorübergehend unterbrochen. Er war 1945 ordentliches Mitglied der Britischen Psychoanalytischen Gesellschaft geworden und verfasste in den Folgejahren weitere wichtige Arbeiten zu gesellschaftlichen, klinischen und theoretischen Themen.

1951 erschien sein Buch *Psychoanalysis and Politics* (Money-Kyrle 1951b), in dem er seine zeitgeschichtlichen Analysen vertieft und seine Auffassung dargelegt, dass gesellschaftliche Konflikte nicht allein durch Interessenunterschiede bedingt sind, sondern mindestens ebenso sehr durch unbewusste Mechanismen und Überzeugungen (*beliefs*) angeheizt werden, die das Verhältnis von Gruppen und Nationen regeln. Zu dieser Sichtweise war er gelangt, als er die Wirkung von Propaganda und das Zustandekommen von Kriegen analysierte. Wir seien Wesen, die »mit Taschen voller Dynamit herumlaufen, ohne es zu wissen«, hatte er bereits 1934 in einem Beitrag für die BBC, anschließend im Magazin *The Listener* abgedruckt (Kap. 1 in diesem Band), formuliert.

1955 gab er gemeinsam mit Melanie Klein und Paula Heimann den Band *New Directions in Psychoanalysis* heraus, in dem die wichtigsten Arbeiten einer Sonderausgabe des *International Journal of Psychoanalysis* aus Anlass des 70. Geburtstages von Melanie Klein zusammen mit zwei eigenen Arbeiten Kleins veröffentlicht sind. Es folgten grundlegende Arbeiten zur Gegenübertragung (Money-Kyrle 1956) sowie zur Analyse des Deutungsprozesses (Money-Kyrle 1958).

Das 1961 erschienene Werk *Man's Picture of the World* leitet die abschließende Phase von Money-Kyrles Theoriebildung ein. Es greift gewissermaßen auf die »Wirklichkeitslehre«, das Thema seiner ersten Dissertation bei Moritz Schlick zurück, jetzt erweitert um die Frage, wie sich unser Bild der Wirklichkeit entwickelt, durch welche Mechanismen es verzerrt werden kann und wie sich solche Verzerrungen auf unsere Beziehungen auswirken.

Diese »Verzerrungen« oder »Misskonzeptionen« der Wirklichkeit stehen im Mittelpunkt seiner späten Arbeiten *Megalomania* (Money-Kyrle 1965), *Cognitive Development* (1968), *The Fear of Insanity* (1969) sowie *The Aim of Psycho-Analysis* (1971), in der er die Theorie der »grundlegenden Lebenstatsachen« *(basic facts of life)* entwirft, die auf unterschiedliche Weise verdreht und pervertiert werden können. Der basale menschliche Konflikt wird jetzt als derjenige zwischen dem ursprünglichen Bedürfnis nach Wahrheit und jenen emotionale Barrieren gesehen, die der Anerkennung dieser Wahrheit entgegenstehen, wobei das Ziel des psychoanalytischen Prozesses darin besteht, diese Verzerrungen *(distortions*, *misconceptions* oder *misrepresentations*) wieder aufzuheben.

Money-Kyrles Werk stellt einen eigenständigen Entwurf innerhalb der kleinianischen Theorietradition mit weitreichenden interdisziplinären Bezügen dar, die die unmittelbare Verbindung von Psychoanalyse, Gesellschafts- und Kulturwissenschaften, Philosophie, Anthropologie, Ästhetik und Ethik berühren. Hierbei kamen ihm seine philosophische Ausbildung sowie die persönliche Ausgesetztheit gegenüber den Veränderungen seiner Zeit zugute. Anders als etwa das Werk Bions haben Roger Money-Kyrles Schriften im deutschen Sprachraum bislang keine systematische Rezeption erfahren. Der deutschsprachige Leser ist mit ihnen z. B. über die Schriften seiner Analysandin Edna O' Shaughnessy (1998) oder die Arbeiten John Steiners vertraut, der in seiner Theorie der *Psychic Retreats* (Steiner 1993) immer wieder darauf zurückgreift. Gewissermaßen als Vorarbeit zu den *Ausgewählten Schriften* gaben Claudia Frank und Heinz Weiß 2003 den Band *Normale Gegenübertragung und mögliche Abweichungen* heraus, in der die Bedeutung von Money-Kyrles (1956) Untersuchungen zur Gegenübertragung von zeitgenössischen deutschen und englischen Analytikerinnen diskutiert wird.

Die nun vorliegende deutsche Edition wichtiger Schriften orientiert sich an den von Donald Meltzer und Edna O'Shaughnessy herausgegebenen *Collected Papers* (Meltzer, O'Shaughnessy 1978). Ohne Anspruch auf Vollständigkeit haben wir die Arbeiten thematisch gegliedert und ihnen jeweils kurze einleitenden Kommentare vorangestellt. Dort, wo es uns sinnvoll schien, haben wir einzelne Abschnitte aus Roger Money-Kyrles frühen Werken einbezogen, die in den *Collected Papers* nicht enthalten sind.

Den Herausgebern ist bewusst, dass die Edition des Gesamtwerkes von Roger Money-Kyrle eine umfassende Aufgabe darstellt, der wir nur annähernd gerecht werden können. So hat vor allem die Corona-Pandemie unseren Zugang zu den Archiven im *Wellcome Institute for the History of Medicine*, London, an dem Money-Kyrles persönliche Aufzeichnungen aufbewahrt werden, erschwert. Dies gilt insbesondere für jene Unterlagen, die seine Aufenthalte in Deutschland vor und nach dem Zweiten Weltkrieg und seine Tätigkeit für die *German Personnel Research Branch* betreffen. Nach längerem Abwägen haben wir uns dennoch für eine Publikation der *Ausgewählten Schriften* zum jetzigen Zeitpunkt entschieden und hoffen, die ergänzende Aufarbeitung des Archivmaterials zu einem späteren Zeitpunkt nachholen zu können.

Die Herausgabe dieser Bände wäre ohne die Unterstützung zahlreicher Personen und Institutionen nicht möglich gewesen. Unser Dank gilt Meg Harris Williams und dem *Harris Meltzer Trust* (Crondall) für die Überlassung der Rechte für die deutsche Übersetzung der hier abgedruckten Kapitel aus den *Collected Papers*, den Herausgebern des *Jahrbuchs der Psychoanalyse* für die freundliche Genehmigung, die Arbeit *State and Character in Germany* in der deutschen Übersetzung durch Luisa Banki wieder abzudrucken, sowie dem *Wellcome Trust for The History of Medicine* für die Bereitstellung von digitalisiertem Archivmaterial. Die *Abteilung für Psychosomatische Medizin am Robert-Bosch-Krankenhaus* (Stuttgart), das *Sigmund-Freud-Institut* (Frankfurt a. M.) sowie der *Melanie Klein Trust* (London) haben die Arbeit an diesem

Projekt finanziell und ideell unterstützt. Darüber hinaus sind wir Edna O'Shaughnessy, John Steiner und Eleanor Sawbridge Burton (London) für wertvolle Hinweise dankbar, ebenso den Teilnehmern unseres psychoanalytischen Seminars, in dem wir die Arbeiten Roger Money-Kyrles über mehrere Jahre diskutiert haben.

Antje Vaihinger (Gießen) hat die Übersetzungsarbeiten in der ihr eigenen Präzision und Sorgfalt durchgeführt. Ihr gilt ebenso unser Dank wie unserem Verleger, Roland Apsel, für seine Ermutigung und Unterstützung.

*Band 1* der *Ausgewählten Schriften* behandelt zentrale Arbeiten Roger Money-Kyrles zur Psychologie von Krieg und Propaganda sowie zur Analyse von sozialen Konflikten. Ihnen ist eine autobiographische Notiz des Autors aus dem Jahr 1977 vorangestellt.

*Band 2* versammelt klinische Beiträge, Überlegungen zur Behandlungstechnik und den Zielen des psychoanalytischen Prozesses.

In *Band 3* haben wir wichtige theoretische Arbeiten zusammengestellt sowie Abschnitte aus frühen Arbeiten Money-Kyrles wieder abgedruckt, die die Kontinuität seiner Theorieentwicklung zeigen und die bis heute nicht wieder veröffentlicht wurden.

*Band 4* fasst Money-Kyrles Beiträge zu ethischen und philosophischen Fragen aus Sicht der von ihm entwickelten psychoanalytischen Konzeptualisierung zusammen.

*Stuttgart, im Frühjahr 2022*
*Heinz Weiß und Claudia Frank*

## Literatur

O'Shaughnessy, E. (1998), *Kann man einen Lügner psychoanalysieren?* (Hg. Frank, C., Weiß, H.) Perspektiven Kleinianischer Psychoanalyse, Bd. 3. Tübingen: edition diskord. 2. Aufl., Frankfurt a. M.: Brandes & Apsel.

Frank, C., Weiß H. (Hrsg.) (2003), *Normale Gegenübertragung und mögliche Abweichungen. Zur Aktualität von R. Money-Kyrles Verständnis des Gegenübertragungsprozesses.* Perspektiven Kleinianischer Psychoanalyse, Bd. 11. Tübingen: edition diskord. 2. Aufl. Frankfurt a. M.: Brandes & Apsel.

Frank, C., Weiß, H. (Hrsg.) (2007), *Projektive Identifizierung. Ein Schlüsselkonzept der psychoanalytischen Therapie*. Stuttgart: Klett-Cotta.

Freud, S. (1921c), *Massenpsychologie und Ich-Analyse*. *G.W.* 13, 71–161.

Freud, S. (1923b), *Das Ich und das Es*. *G.W.* 13, 237–289.

Klein, M. (1946), Bemerkungen über einige schizoide Mechanismen. *Ges. Schr.*, Bd. III, 1–41.

Klein, M. Money-Kyrle, R., Heimann, P. (eds.) (1955), *New Directions in Psychoanalysis. The Significance of Infant Conflict on the Pattern of Adult Behaviour.* London: Tavistock.

Klein, M., Riviére, J. (1937), *Love, Hate and Reparation.* London: Hogarth.

Meltzer, D., O'Shaughnessy, E. (ed s. 1978), *The Collected Papers of Roger Money-Kyrle.* Strath Tay, Perthshire: Clunie Press.

Money-Kyrle, R. (1925), *Beiträge zur Wirklichkeitslehre*. Unveröffentl. Dissertation, Wien.

Money-Kyrle, R. (1930), *The Meaning of Sacrifice* (eds. Leonard and Virginia Woolf). London: Hogarth.

Money-Kyrle, R. (1932a), *The Development of the Sexual Impulses.* London: Kegan Paul.

Money-Kyrle, R. (1932b), *Apasia. The Future of Immorality*. London: Kegan Paul.

Money-Kyrle, R. (1934), A Psychological Analysis of the Causes of War. *Collected Papers*, 131–137; dt.: Eine psychologische Analyse von Kriegsursachen (in diesem Band).

Money--Kyrle, R. (1939), *Superstition and Society.* London: Hogarth.

Money-Kyrle, R. (1941), The Psychology of Propaganda. *Collected Papers*, 160–175; dt.: Die Psychologie der Propaganda (in diesem Band).

Money-Kyrle, R. (1951a), Some Aspects of State and Character in Germany. *Collected Papers*, S. 229–244; dt.: Anmerkungen zu Staat und Charakter in Deutschland; dt.: Jahrb, Psychoanal. 64, 135–152 (und in diesem Band).

Money-Kyrle. R. (1951b), *Psychoanalysis and Politics*. London: Duckworth.

Money-Kyrle, R. (1956), Normal Countertransference and some of its Deviations. *Collected Papers*, 330–342; dt.: Normale Gegenübertragung und mögliche Abweichungen, in: Bott-Spillius, E. (Hg.), Melanie Klein (und in Bd. 2 der *Ausgewählten Schriften*).

Money-Kyrle, R. (1958), The Process of Psycho-analytical Inference (1958). *Collected Papers*, 343–352; dt.: Der Prozess des psychoanalytischen Schlussfolgerns (in Bd. 2 der *Ausgewählten Schriften*)

Money-Kyrle, R. (1961), *Man's Picture of His World.* London: Duckworth.

Money-Kyrle, R (1965), Megalomania. *Collected Papers*, 376–388; dt.: Größenwahn (in Bd. 2 der *Ausgewählten Schriften*).

Money-Kyrle, R. (1968), Cognitive Development. *Collected Papers*, 416–433; dt.: Kognitive Entwicklung (in Bd. 3 der *Ausgewählten Schriften*).

Money-Kyrle, R., (1969), On the Fear of Insanity. *Collected Papers*, 434–441; dt.: Über die Angst vor Verrücktheit (in Bd. 2 der *Ausgewählten Schriften*).

Money-Kyrle, R. (1971), The Aim of Psychoanalysis. *Collected Papers*, 442–449; dt.: Das Ziel der Psychoanalyse (in Bd. 2 Der *Ausgewählten Schriften*).

Steiner, J. (1993), *Orte des seelischen Rückzugs. Pathologische Organisationen bei psychotischen, neurotischen und Borderline-Patienten.* Stuttgart: Klett-Cotta.

# Autobiographische Notiz

Ich wurde am 31. Januar 1898 geboren, drei Wochen zu früh und nicht wie geplant in London, sondern in einem Cottage, einem kleinen Haus auf dem Gut meines Großvaters mütterlicherseits in Hertfordshire. Ich war das vierte und jüngste Kind von Major Audley Money-Kyrle und seiner Ehefrau Florence Cecilia Bosanquet, der Tochter von Horace Smith-Bosanquet und seiner Ehefrau Cecilia (*née* Bosanquet) aus Broxebournebury, Herts. Ich hatte zwei Schwestern, die neun und sechs Jahre älter waren als ich (und sich verpflichtet fühlten, mir ein höfliches Benehmen gegenüber Frauen beizubringen), und einen Bruder, der etwa vier Jahre älter war und kurz vor meiner Geburt starb. Er war mit einer Behinderung zur Welt gekommen (spina bifida), aber man hat mir immer erzählt, was für ein guter und hübscher Junge er war (was Fotos beweisen). Seine ständigen Schmerzen ertrug er sehr tapfer, armer kleiner Junge. Ich vermute, dass ich ihn zumindest unbewusst beneidete und wahrscheinlich glaubte, ich hätte seinen Tod irgendwie magisch verursacht. Es wird erzählt, dass ich ein schwieriges Baby gewesen sei, aber alle Fotos von mir ab dem dritten oder vierten Lebensjahr zeigen einen rundlichen und kräftigen kleinen Jungen, der sehr von sich überzeugt zu sein scheint.

Meine Eltern waren einander sehr zugetan, und die Liebe und Zuneigung, die sie mir entgegenbrachten, machten aus der späteren Entdeckung meines Ödipuskomplexes eine ziemlich langwierige Angelegenheit.

Mein Vater hatte nach dem Tod seines älteren Bruders von seinem Vater zwei Güter geerbt, Homme House, Gloucestershire, und Whetham, Wiltshire; allerdings musste er entdecken, dass das größere Gut, Homme, ziemlich hoch verschuldet war. Deshalb verpachtete er es und wartete darauf, dass der Pachtvertrag für Whetham (das zu Lebzeiten meines Großvaters fast immer verpachtet gewesen war) auslief. Als ich zwei Jahre alt war, war es soweit, und seit 1900 war Whetham fast immer mein Zuhause, selbst wenn ich nur an den Wochenenden dort war.

Als ich mit zehn Jahren in eine Privatschule kam, war ich kurz davor krank gewesen, was mit ein Grund dafür war, dass meine schulischen Leistungen, als ich dort anfing, weit unter dem Durchschnitt lagen, und ich gab es bald auf, den Abstand aufholen zu wollen. Ähnlich war es, als ich nach Eton kam – außer in den naturwissenschaftlichen Fächern, so dass mein Housemaster völlig überrascht war, als ich den Schulpreis für Physik gewann. Mein Vater war ganz plötzlich gestorben, als ich noch im Internat war, und meine Mutter, die auch noch in ihren Vierzigern eine beeindruckend schöne Frau war, blieb Witwe, indem sie entweder alle Anträge zurückwies oder klarmachte, dass kein Bewerber für sie in Frage käme.

Nach meinem Abschluss in Eton im Sommer 1916 trat ich ins Royal Flying Corps[1] ein; während eines Triebwerkkurses in Oxford sah ich meine künftige Frau zum ersten Mal, als ich zufällig beobachtete, wie sie zusammen mit einigen Dozenten auf den überfluteten, gefrorenen Wiesen um eine Orange herum (im alten englischen Stil) Schlittschuh lief. Sie war in meinen Augen wunderschön. Im Sommer 1917 wurde ich ins 1. Geschwader in Beilleure versetzt und sechs Wochen später abgeschossen – möglicherweise durch den späteren Feldmarschall Göring, der zum damaligen Zeitpunkt einer der drei stellvertretenden Flugleiter im Richthofen-Zirkus war. Etwa ein Jahr später war ich mit dem 94. Geschwader zurück in Frankreich, aber der Krieg ging zu Ende, kurz bevor wir eingesetzt werden sollten.

Ich gab dann drei Bewerbungen ab: für eine Ausbildung zum Förster; für eine Versetzung nach Russland in ein Geschwader, das meinem früheren Kommandeur im 1. Geschwader, Major Hazel, zugesagt worden war; und für eine vorzeitige Demobilisierung bei der Aufnahme eines Studiums. Hazels Geschwader kam nicht zustande, und die vorzeitige Demobilisierung wurde noch vor der Aufnahme einer Ausbildung zum Förster bewilligt. Ich verließ also Frankreich im Februar 1919 und kam nach einigen Tagen mit einem Viehtransporter, dessen Fahrer sich nicht recht entscheiden konnte, ob er uns nach Le Havre oder lieber nach Cherbourg mitnehmen sollte, in England an.

Etwa fünf Tage später begann ich mein Studium am Trinity College, Cambridge, mitten im Semester und dem laufenden Studienjahr. Mein

1 Anm. d. Übers.: RFC, die britische Heeresluftwaffe von 1912–1918.

Zimmer teilte ich mit Francis Magoun, der später Professor für Englisch an der Harvard University wurde und auch im 1. Geschwader gewesen war (als Engländer getarnt). Ich war davon ausgegangen, dass mein ›Physik-Preis‹ als Nachweis meiner Fähigkeiten ausreichte, um einen Tripos Degree[2] in Cambridge anzustreben. Ich musste allerdings bald feststellen, dass ich die Tripos-Voraussetzungen so wenig erfüllte wie früher die an mich gerichteten Erwartungen in der Privatschule, sodass ich diese Hoffnung bald wieder aufgab. Darüber hinaus war ich unbewusst überzeugt, was ich aber erst viele Jahre später entdeckte, dass ich an einem schrecklichen Unfall kurz vor Kriegsende schuld war. Da sich dies wahrscheinlich mit den Schuldgefühlen gegenüber meinem Bruder, der kurz vor meiner Geburt gestorben war, verknüpfte, wurde ich erkennbar neurotisch; ich ging meinen Kommilitonen aus dem Weg, als hätte ich ein Kainsmal, was unbewusst für mein Gefühl auch zutraf.

Außerdem entdeckte ich ungefähr zur selben Zeit, dass ich keineswegs, wie ich angenommen hatte, über die komfortablen Einkünfte aus zwei Gütern verfügte, sondern in jedem Jahr circa 400,- £ Verlust machte. Ich verkaufte deshalb Homme, was mir die alten Pächter dort vermutlich nie verziehen haben.

Damals hörte ich zum ersten Mal etwas über Psychoanalyse (von E. F. Collingwood, einem bemerkenswerten Mann, der wahrscheinlich von einer Analyse profitiert hatte und sehr viel später Dozent für Mathematik am Trinity College wurde). Ich suchte einen Psychotherapeuten auf, den er mir empfohlen hatte, und ging – obwohl ich später zurückkam, um einen Abschluss in Wirtschaftswissenschaften zu machen (wie auch Collingwood, da keiner von uns wagte, sich dem Tripos zu stellen) – nach London und begann eine Analyse bei Ernest Jones; zu meiner Tarnung arbeitete ich in einer Bank.

Achtzehn Monate später erfuhr ich von Gaillard Lapsley, meinem Tutor am Trinity College, dass ich noch zwei Semester weitermachen und umgehend den ersten Teil meines Abschlusses in Wirtschaftswissenschaften absolvieren müsste, wenn ich überhaupt einen Abschluss erreichen wollte. Ich verließ die Bank und auch Ernest Jones, der sich freundlicherweise

2 Anm. d. Übers.: Bezeichnung für einen Studienabschluss in Cambridge, z. B. in Naturwissenschaften.

dafür eingesetzt hatte, dass ich meine Analyse in Wien bei Freud fortsetzen konnte. Ich hoffte, dort meine angeschlagene akademische Reputation wieder reparieren zu können. In der Zwischenzeit hatte ich meine zukünftige Frau auf einer Erkundungsreise nach Wien in den Osterferien wiedergetroffen; drei Wochen später heirateten wir mit einem Aegrotat (einer dreitägigen Ausgangserlaubnis aufgrund einer Krankmeldung) vom Trinity. Danach blieb ich bis zum Ende des Semesters und erwarb meinen BA.

Damals war der Wechselkurs für die englische Währung außerordentlich günstig, sodass wir in Wien höchst komfortabel leben konnten. Da meine Frau sehr gesellig und beliebt war (ohne sich bewusst dafür anzustrengen), verkehrten wir bald sehr freundschaftlich mit Professor Moritz Schlick, einem brillanten und charmanten Mann, mit dessen Hilfe ich schließlich meinen PhD erwarb. Ich erinnere mich, dass ich vorgeschlagen hatte, meiner Dissertation den Titel »Wirklichkeitslehre« (im Orig. dt.) zu geben, aber er plädierte sehr taktvoll für den Titel »Beiträge zur Wirklichkeitslehre«. Ich hielt meinen Kontakt mit Freud bis zum Schluss sehr geheim, nur um später zu entdecken, dass auch Schlick sich sehr für Freuds Werk interessierte, sein Interesse aber ebenfalls geheim gehalten hatte! In Wien trafen wir auch den Mathematiker Lionel Penrose, der später Professor für Genetik an der London University wurde, und Adrian Bishop, einen brillanten, wenn auch etwas unausgeglichenen Mann, der später die Leitung einer türkischen Schule übernahm, sowie L. B., den späteren Professor Sir Lewis, Namier – sie alle unterzogen sich ebenfalls heimlich einer Analyse. Unser ältester Sohn wurde in Wien geboren, und aus diesem Anlass hielten sich meine Mutter und meine jüngere (unverheiratete) Schwester bei uns in Wien auf. Zur selben Zeit schrieb meine Frau ihre Examensarbeit für einen Bachelor of Science in Anthropologie (»Anglo-Saxon Magic«) in Oxford. Sie behauptete immer, sie habe dieses Fach gewählt, weil zu dem entsprechenden Talar eine blaue Kapuze gehörte.

Nachdem ich meine Dissertation abgeschlossen hatte, kehrten wir nach England zurück. Ich hatte gehofft, vielleicht einen Doctor of Science machen zu können, aber nachdem ich erfuhr, dass ich dafür nicht in Frage käme, erwarb ich unter der Anleitung von Professor Flügel einen weiteren Doktorgrad am University College, London. Der Titel meiner Abhandlung lautete »The Meaning of Sacrifice« [Die Bedeutung des Opfers], meine erste psychoanalytische Arbeit, für die ich zum Fellow des Royal Anthropological Institute gewählt wurde. Etwa zur selben Zeit wurde ich auf Empfehlung von Ernest Jones zum assoziierten Mitglied des British Psycho-Analytical Institute gewählt, allerdings mit der Auflage, dass ich nicht den Versuch machen sollte, zu praktizieren.

Deshalb verbrachten wir mit unserer wachsenden Familie (insgesamt vier Söhne und mittlerweile elf Enkel) die nächsten Jahre auf Whetham. Ich gehörte in ein oder zwei kleineren Schulen zum Leitungsgremium, wurde als Mitglied vom Educational Committee des Wiltshire County Council kooptiert und von diesem zum Mitglied des Council der Bristol University ernannt.

Diese Ernennungen verdankte ich Keith Innes, einem verstorbenen Fellow des Trinity College, der die Unterrichtsbehörde in Wiltshire leitete. Ich wurde zu einem J. P. [justice of the peace / Friedensrichter] ernannt und schließlich als High Sheriff ›ausgezeichnet‹.

Damit fand diese Art von Aktivitäten ein Ende, denn für mein Gefühl war ich dafür nicht geschaffen (vielleicht, weil ich nur der zweite Sohn war). Wir hatten – wenn ich mich recht erinnere, war es 1936 – einen schweren Autounfall (meine Frau erlitt eine Schädelfraktur und ich brach den Oberschenkel); während wir im Krankenhaus lagen, besuchte mich John Rickman. Er fand, dass ich versuchen sollte, bei Frau Klein eine Lehranalyse zu machen, mit der ich dann vor dem Zweiten Weltkrieg begann. Aber ich wurde zu Kriegsbeginn einberufen und nach verschiedenen Einsätzen für drei Monate an die Generalstabsakademie geschickt und danach an das Luftwaffenministerium versetzt, wo ich am selben Arbeitsplatz und im selben Rang vier Jahre blieb.

Wenigstens war ich dadurch in der Lage, meine Analyse fortzusetzen. Da ich nicht versetzt wurde und rasch begriffen hatte, was an meiner Arbeitsstelle von mir erwartet wurde, und feststellte, dass ich für die Erledigung meiner Aufgaben nur halb so lange brauchte wie üblich, verfasste ich einen Artikel, aufgrund dessen die Society [die Britische Psychoanalytische Gesellschaft] mich zum Vollmitglied wählte.

Damals beging ich einen wahrscheinlich schweren Fehler. Auf Vorschlag John Rickmans und in der Annahme, dass er mir diesen Rat nicht gegen Melanie Kleins Wunsch gegeben hätte, trat ich nach dem Krieg der

Control Commission [Kontrollkommission für Deutschland] bei. Ich ging für ungefähr sechs Monate nach Deutschland und unterbrach meine Analyse. Es trifft zu, dass Melanie Klein mich danach wieder annahm, aber nur mit einer reduzierten Sitzungsfrequenz und nur für einige Monate. Dadurch hatte ich mich wahrscheinlich um die Erfahrung gebracht, eine Analyse normal zu beenden.

Wir zogen nach London, und ab diesem Zeitpunkt habe ich als Psychoanalytiker praktiziert – manchmal eine sorgenvolle, immer aber eine faszinierende Tätigkeit – und habe, verteilt über einen ziemlich langen Zeitraum, fünf Bücher und einige Artikel geschrieben.

Jeder hat so seine Probleme und fast immer sind sie in Teilen hausgemacht, und es gab einige Ereignisse, die unsere Daseinsfreude trübten. Aber mehr als das möchte ich in meiner Autobiographie nicht preisgeben. Was ich geschrieben habe, ist, soweit ich mich erinnern kann, zutreffend; aber natürlich ist es nicht die ganze Wahrheit.

*Whetham*
*Calne, Wilts.*
*21. August 1977*

*Aus dem Englischen übersetzt von Antje Vaihinger*

# Einführung zu Kapitel 1

Im Herbst 1934 veranstaltete die BBC eine 10-teilige Reihe zu *Causes of War*, möglichen Kriegsgründen, unter den Rednern waren so renommierte Namen wie Austen Chamberlain, Winston Churchill oder Aldous Huxley. Money-Kyrles Beitrag über die psychologischen Ursachen des Krieges ist dann erstmals 1934 in dem Magazin *The Listener* erschienen, das 1929 von der BBC gegründet wurde und 1991 sein Erscheinen einstellte. Es enthielt Beiträge aus Sendungen der BBC zu kulturellen, politischen und zeitgeschichtlichen Themen sowie Buchbesprechungen.

Money-Kyrle untersucht in seinem Artikel vor dem Hintergrund der faschistischen Machtergreifung jene Stimmungen und Mechanismen, die zu dem von ihm als »Kriegsfieber« bezeichneten Zustand beitragen, dem seiner Ansicht nach eine manische Abwehr paranoider Ängste zugrunde liegt. 1932 hatte er sich nochmals in Deutschland aufgehalten und war hier Zeuge der aufgeheizten Stimmung unter dem Einfluss der nationalsozialistischen Propaganda geworden (vgl. Kap. 3 in diesem Band). In seinen Überlegungen nimmt er auf Freuds Entdeckung einer dem Menschen innewohnenden Destruktivität sowie auf Edward Glovers 1933 erschienenes Buch *War, Pacifism and Sadism* Bezug. Die Verhältnisse, die Money-Kyrle beobachten konnte, vermittelten ihm einen Eindruck davon, wie die Projektion menschlicher Destruktivität zu einem Bedrohungsgefühl durch den Nachbarn führt. Er prägte den Begriff der »nationalen Paranoia« und beschreibt, dass sich spätere Kriegsgegner oft wie Paranoiker verhalten, deren Schutzmaßnahmen die Befürchtungen des jeweils Anderen bestätigen. Im Hochgefühl des »Kriegsfiebers« kommen schließlich manische und erregende Momente hinzu, die den offenen Ausbruch von Gewalt begünstigen, vor allem wenn durch Gruppenprozesse normale Über-Ich-Funktionen ausgeschaltet werden. Hier kommt ihm die Analyse der Entstehung und Entwicklung des Über-Ich zugute, die von seiner Arbeit *The Meaning of Sacrifice* (Money-Kyrle 1930) bis zu seinen späten Untersuchungen über die Usurpationen des Über-Ich durch ein megalomanes Ich (Money-Kyrle 1965) sein gesamtes

Werk durchzieht.

Erstmals nimmt Money-Kyrle in der vorliegenden Arbeit auf die neuen Entdeckungen Melanie Kleins (1932) aus der Analyse kleiner Kinder Bezug und beschreibt die eskalierenden Zyklen, durch die die Kriegsbereitschaft weiter aufgeschaukelt wird. In einer später hinzugefügten Fußnote räumt er ein, dass er die von Hitler ausgehende Gefahr vielleicht nicht eindringlich genug dargestellt hat, obwohl ihm bereits nach der Propagandarede, die er 1932 gehört hatte, klar gewesen sei, dass Hitler nur mit Gewalt gestoppt werden könne (vgl. Kap. 3 in diesem Band). Außerdem weist er auf die große Verantwortung der Presse und die Rolle internationaler Organisationen wie dem Völkerbund hin.

*Heinz Weiß*

## Literatur

Glover, E. (1933), *War, Pacifism and Sadism*. London: Allen & Unwin.

Klein, M. (1932), *Die Psychoanalyse des Kindes. Ges. Schr. Bd. II.*

Money-Kyrle, R. (1930), *The Meaning of Sacrifice* (eds. Leonard and Virginia Woolf). London: Hogarth.

Money-Kyrle, R. (1965), Megalomania. *Collected Papers*, 376–388; dt.: Größenwahn (in Bd. 2 der *Ausgewählten Schriften*).

# Kapitel 1

# Eine psychologische Analyse von Kriegsursachen[1]

Über die Entstehung von Kriegen sind viele verschiedene Theorien formuliert worden, und vielleicht treffen sogar alle zu. Jede dieser Theorien könnte bei einigen Kriegen zur Erklärung beitragen; einige dieser Theorien könnten alle Kriege erklären helfen.

Wir können bei diesen Theorien zwischen zwei Hauptformen unterscheiden: Die einen befassen sich, medizinisch gesprochen, mit den *auslösenden* Ursachen, die anderen mit prädisponierenden oder *konstitutionellen* Ursachen. Man nehme als Analogie zum Beispiel eine Erkältung. Einer Infektion oder dem Wetter ausgesetzt zu sein, ist ein Auslöser, würde aber für sich genommen noch keine Erkältung hervorrufen, sondern nur in Verbindung mit einer konstitutionellen Disposition – wenn jemand anfällig für Infekte ist, vergrößerte Mandeln hat oder was auch immer.

So ähnlich verhält es sich meines Erachtens mit der sozialen Krankheit Krieg. Vieles, manchmal sogar sehr Gegensätzliches, kann sie auslösen: zum Beispiel politisch motivierte Morde oder eine Armee, die so groß ist, dass sich die Nachbarn ärgern, oder so klein, dass diese versucht sind, sie zu ignorieren. Man könnte es mit der Situation vergleichen, im Regen rauszugehen oder seinen Mantel zu vergessen. Dann bleibt aber immer noch die konstitutionelle Disposition. Leute, die Pazifismus ablehnen, sagen oft, zu kämpfen gehöre zur menschlichen Natur und diese könne man nicht ändern. Inwieweit trifft dies zu?

1 The Listener, 7. November 1934.

## Unbewusste Aggression

Die von Freud begründete psychoanalytische Denkschule der Psychologie hat bei der Untersuchung der destruktiven Impulse des Menschen in der letzten Zeit einige wichtige Entdeckungen gemacht, die insbesondere Dr. Edward Glover bei seiner Untersuchung von Kriegsursachen angewandt hat. Dass der Mensch von seiner Natur her ein aggressives Tier ist, war immer einigermaßen offensichtlich. Es war auch immer klar, dass ein zivilisierter Mensch viel zu leicht wieder in Barbarei verfallen und sich und andere gefährden kann. Aber es war nicht bekannt, dass die in einem Krieg aufbrechenden destruktiven Impulse in unserem Unbewussten immer vorhanden sind. Wir kennen sie nicht, weil sie verdrängt [oder abgespalten] sind; aber sie sind da und jederzeit bereit auszubrechen.

Wenn wir uns dies eingestehen, fangen wir an, einen der Gründe zu verstehen, die so oft zu Kriegen führen, obwohl alle scheinbar bemüht sind, es nicht so weit kommen zu lassen. Wir sind wie Menschen, die umherlaufen und nicht wissen, dass ihre Taschen voller Dynamit sind. Je deutlicher wir uns dies klarmachen, desto eher sind wir in der Lage, alle nur möglichen Vorkehrungen zu treffen.

Abgesehen von einigen Formen einer sublimierten Abfuhr bei der Arbeit oder im Sport sind die destruktiven Impulse eines zivilisierten Durchschnittsmenschen, wie bereits erwähnt, verdrängt [oder abgespalten]. Er ist sich ihrer nicht bewusst. Aber sie können sich jederzeit auf unterschiedliche Art und Weise manifestieren. Erstens können diese Impulse *invertiert* werden, sich also gegen ihn selbst richten. In diesem Fall wird jemand sich gehemmt und depressiv fühlen. Tatsächlich entstehen die meisten der üblichen Depressionen auf diese Weise. Zweitens kann die unbewusste Aggression *projiziert*, also verleugnet und einem anderen zugeschrieben werden. Der Betreffende weiß dann nicht, dass er andere verletzen möchte, sondern glaubt, dass diese ihn verletzen wollen. Er überlässt sich ungerechtfertigten Verdächtigungen und reagiert ›sensibel‹ und ›empfindlich‹ auf imaginäre Kränkungen. Im Extremfall wird dieses Misstrauen als etwas Pathologisches erkannt wie zum Beispiel bei einem Verfolgungswahn, der bei einer als Paranoia bezeichneten Form einer

Geisteskrankheit auftritt. Und schließlich kann die unbewusste Aggression auch direkt ausbrechen und in einem ansonsten friedfertigen Bürger den Wunsch auslösen, einen anderen umzubringen. Aber bevor es so weit kommen kann, muss sich sein normales Gewissen verändert haben; er muss nämlich glauben, er habe das Recht dazu. Zu dieser Verwandlung kommt es bei einem gemeingefährlichen Wahnsinnigen, der überzeugt ist, dass sein Verbrechen nicht nur gerechtfertigt, sondern sogar seine Pflicht ist. Eine ganz ähnliche Veränderung zeigt sich bei ganz normalen Menschen während eines Krieges.

Die Untersuchung der Fälle von Melancholie, Paranoia und mörderischem Wahnsinn hilft uns, die seelischen Mechanismen zu erkennen, die in einem gewissen Ausmaß in jedem von uns vorhanden sind. Vielleicht haben diese Mechanismen auf uns als Individuen keinen sonderlich großen Einfluss; manchmal aber beeinflussen sie uns als Staatsbürger sehr stark.

## Nationale Paranoia

Die Psychologie eines Staates kann wie eine Karikatur wirken, wie eine Darstellung der psychologischen Eigenschaften der den Staat ausmachenden Individuen, in der die besonders gefährlichen und verantwortungslosen Charakterzüge hervorgehoben und die gesünderen und vorsichtigeren Züge allesamt ausgelöscht werden. Eine Nation kann über lange Zeit vernünftig, friedlich und zufrieden sein. Aber dann kommt es zu einer Veränderung, in deren Folge diese Nation all die Symptome einer wohlbekannten Geisteskrankheit entwickelt. Insbesondere kann sie paranoid werden, das heißt, an einem Verfolgungswahn leiden.

Das Misstrauen eines einzelnen Verrückten ist irrational, weil er seine unbewusste Aggressivität auf seine Nachbarn projiziert. Der normale Bürger ist dazu viel zu vernünftig. Aber auch er trägt an einer Last unbewusster Aggressivität, und wenig hindert ihn daran, sie auf Fremde zu projizieren – besonders auf diese abstrakten Personifizierungen von Fremden, die man als ausländische Mächte bezeichnet. Es entlastet ihn vielleicht sogar, ein entferntes Objekt für seine latente Empörung zu finden; und die Presse ist natürlich sehr versucht, dieses Ansinnen mit Material zu unterfüttern. Ganz triviale ›Vorkommnisse‹ werden zu Nachrichten aufgebläht, die dann vielleicht das übertriebene Misstrauen einer ausländischen Macht wecken. Und da Verdächtigungen schnell weitere Verdächtigungen nach sich ziehen, wird die fremde Macht ihrerseits misstrauisch. Ein stabiles Land fühlt sich angesichts des Wachstums eines vitalen und progressiven Nachbarn unwohl und versucht, sich durch Verträge und verstärkte Aufrüstung abzusichern, was wiederum das Misstrauen seines Nachbarn weckt, der eine Art von Klaustrophobie entwickelt und das Gefühl hat, umkreist und eingeschlossen zu sein. So kommt es dazu, dass zwei Nationen oder Gruppen von Nationen einander mit wechselseitigem und sehr gefährlichem Misstrauen betrachten. Wie zwei Paranoiker greift jede von ihnen zu Abwehrmaßnahmen, die die Befürchtungen des anderen bestätigen.

Ich glaube nicht, dass irgendeine moderne Nation einen Krieg begonnen hat, ohne dass ein Großteil ihrer Bürger diesen Krieg für gerechtfertigt hielt. Die verdrängte Aggression ist natürlich vorhanden, doch muss das zivilisierte Gewissen zufriedengestellt werden, bevor ihr Ausbruch zugelassen wird. Die Verdächtigung selbst liefert einen berechtigten Anlass. Ähnlich wie der Paranoiker, der gewalttätig wird, kann eine paranoische Nation einen Krieg beginnen, der nach ihrer ehrlichen Überzeugung zur Selbstverteidigung unvermeidlich ist. Was ursprünglich eine ungerechtfertigte Verdächtigung war, trägt dazu bei, genau die Katastrophe hervorzurufen, die sie vermeiden wollte. Auf diese Weise ist Angst, wie Dr. Inge[2] gesagt hat, die Hauptursache für einen Krieg.

2 W. R. Inge. Diary of a Dean: St. Pauls, 1911;34.

## Kriegsfieber

Wenn der Krieg erst einmal ausgebrochen ist, verschwinden die letzten Reste an Vernunft. Die Tendenz, den anderen zu verdächtigen, wird durch Propaganda noch geschürt. Bald unterstellt jede der beteiligten Parteien der feindlichen Seite die grausamsten und unwahrscheinlichsten Verbrechen, sodass sich jede Seite mit realen Grausamkeiten rächt.

Das Individuum scheint seine Individualität zu verlieren und geht in der Gruppe auf. Sein individuelles Gewissen, das Totschlag verbietet, wird durch ein Gruppengewissen ersetzt, dem er nun folgt. Der friedfertige Bürger entdeckt plötzlich den Wunsch in sich, andere zu töten, und entdeckt gleichzeitig, dass er, gewissermaßen kompensatorisch, bereit ist, sich für sein Vaterland töten zu lassen. Er ist in Hochstimmung; das Auftauchen dieser Impulse aus dem Unbewussten verschafft ihm Erleichterung. Das ist meines Erachtens der Grund, warum sich ein Kriegsfieber so rasch ausbreitet.

Lange Kriege rufen natürlich viele Neurosen hervor – die sogenannten Fälle von Kriegszittern. Aber aufgrund der aufgestauten Aggression gibt es auch Friedensneurosen, die vom Krieg kuriert werden. Solange die destruktiven Impulse eines Menschen verdrängt sind, fühlt er sich nicht rundherum wohl. Wie schon gesagt richten sich diese Impulse oft gegen ihn selbst, sie frustrieren ihn und lösen Minderwertigkeitsgefühle und Depressionen aus. Aber sobald es in Kriegszeiten einen scheinbar gerechtfertigten Anlass für Aggressionen gibt, können sie sich gegen ein äußeres Objekt richten.

Darüber hinaus schafft ein Krieg sowohl die Möglichkeit, sich selbst zu opfern, als auch die Möglichkeit, unmittelbar aggressiv zu werden. Die meisten von uns haben, auch wenn wir es in diesem rationalen Zeitalter vielleicht nicht gerne zugeben, ein inneres Bedürfnis zur Selbstaufgabe. Den größten Teil ihres Fortschritts verdankt die Welt diesem Impuls, und dass er in Kriegszeiten so leicht ausgenutzt werden kann, ist eine der Tragödien der menschlichen Natur. Wie einer meiner Freunde, der kein Psychologe, sondern ein Diplomat ist, vor einigen Jahren sagte: Der latente Masochismus einer Nation ist genauso gefährlich wie ihr latenter Sadismus – ein Paradox, das in Dr. Glovers[3] Buch im Einzelnen erklärt wird.

Ein Krieg setzt also enorme Mengen einer sonst unbewussten Aggression in vielfältigen Formen frei. Der daraus resultierende Wahn lässt erst nach, wenn all die beteiligten Länder aufs Äußerste erschöpft sind.

Lassen Sie mich die wichtigsten konstitutionellen Anlässe für einen Krieg rekapitulieren: Erstens ist es das Vorhandensein unbewusster destruktiver Impulse. Zweitens ist es die Tendenz, diese Impulse zu projizieren, was zu einer nationalen Paranoia führt, wie ich sie genannt habe, die wiederum einen nationalen Verfolgungswahn auslöst. Dann begegnen Nationen ihren Nachbarn übermäßig misstrauisch. Drittens besteht die Gefahr, dass die aufkommenden Verdächtigungen schließlich als Ausrede für durchbrechende destruktive Impulse genutzt werden, die vielleicht sonst verdrängt geblieben wären.

## Die Reduktion internationaler Spannungen

Was sollten wir tun, falls diese Analyse zutrifft? Ein weiterer großer Krieg würde, wie uns oft gesagt wurde, unsere Zivilisation höchstwahrscheinlich in Trümmer legen. Bestenfalls würden diejenigen unter uns, die das Unglück hätten, ihn zu überleben, dann darunter leiden müssen, viele ihnen nahestehende Menschen verloren zu haben. Eine entsetzliche Aussicht.

Sir Norman Angell schlägt eine internationale Polizeitruppe vor. Aber die Nationen werden wohl kaum ihre Polizeikräfte zusammenlegen, *bevor* sie nicht gelernt haben, einander zu vertrauen. Wenn aber in der Zwischenzeit das Misstrauen unserer möglichen Feinde durch unsere eigene Aufrüstung geschürt wird, sollten wir unsere Waffen dann etwa um-

3 Glover, Edward (1933). War, Sadism and Pacifism. London, Allen and Unwin. [Der erwähnte Freund ist Arthur Yenchen, der 1932 an der Britischen Botschaft in Berlin tätig war. Er arbeitete später als Gesandter in Madrid und wurde nach Kriegsbeginn auf dem Weg zu seiner Arbeitsstelle abgeschossen.]

gehend verschrotten? Bewaffnet herumzulaufen, wenn Ihr Nachbar bereits verrückt ist, erhöht nur die Wahrscheinlichkeit, dass er Sie angreift; Sie können sich jedoch nicht darauf verlassen, dass er darauf verzichtet, wenn Sie abrüsten. Vielleicht ist es am besten, einen Kompromiss zu finden, so wie wir es in diesem Land machen: einige Vorkehrungen zu treffen und gleichzeitig so wenig wie möglich mit ihnen zu provozieren.[4]

Allgemeiner formuliert: Wenn wir verstehen, welche psychischen Kräfte wirksam sind, und realisieren, wie leicht es ist, zwischen Nationen wahnhafte Ängste und Hass zu schüren, und wie schwer es ist, diese Gefühle hinterher wieder einzudämmen, werden wir mehr als je zuvor versuchen, alle Formen der Provokation zu vermeiden. Ein Großteil der Verantwortung liegt hier bei der Presse.

Soll der Frieden bewahrt werden, sollte die Sorte Nachrichten aus dem Ausland, die unsere Empörung hervorrufen, nicht übermäßig beachtet werden – auch wenn wir genau diese Art von Nachrichten besonders gerne lesen. Institutionen wie der Völkerbund und die jeweiligen Außenministerien existieren zumindest teilweise, um die unvermeidlichen Spannungen zwischen einzelnen Nationen abzubauen. Ich wäre der Letzte, der den Wert ihrer Arbeit nicht anerkennt; ohne sie herrschte wahrscheinlich ständig Krieg und nicht nur zeitweise. Aber solange die konstitutionellen Ursachen für einen Krieg bestehen bleiben, wäre es fast zu viel der Hoffnung, genügend wachsam zu sein, um all die auslösenden Ursachen zu vermeiden. Die Gefahr bleibt bestehen, dass die Nationen wieder so verrückt werden, wie es schon so oft zuvor der Fall war.

## Grund für eine letzte Hoffnung

Es gibt jedoch einen Grund für eine letzte Hoffnung. Krieg ist irrational, nicht so sehr, weil er sich selten auszahlt, sondern weil der ihn

4 Soweit ich mich erinnere, hatten wir damals hohe Beträge für die Aufrüstung bereitgestellt. Aber erst 1940, als ich am Air Ministry [Luftfahrtministerium] tätig war, vermutete ich, dass nicht viel davon vor dem Krieg investiert worden war.

auslösende Hass zwischen Gruppen aus einer Furcht erwächst, die ursprünglich nicht gerechtfertigt war. Aus eben diesem Grund sind auch die unbewussten destruktiven Impulse selbst, welche die Furcht und den Hass auslösen, irrational – jedenfalls in einem hohen Maß. Diesen Punkt zu erklären wäre äußerst schwierig, weil ich über psychologische Entdeckungen sprechen müsste, die Frau Klein und andere gemacht haben und die noch so neu sind, dass sie noch nicht vollständig ausgearbeitet sind. Eine Sache allerdings ist ziemlich klar. Es hat sich herausgestellt, dass der paranoische Mechanismus der Projektion bei Kindern bereits in den ersten und psychologisch wichtigsten Lebensjahren wirksam ist. Das kleine Kind projiziert einige seiner destruktiven Impulse auf seine Umgebung und füllt so seine Welt mit imaginären Gefahren. Es fühlt sich von eingebildeten Löwen und Wölfen bedroht. Um mit diesen Gefahren fertigzuwerden, entwickelt es noch mehr Aggressivität, die dann wiederum verdrängt und projiziert wird. So entsteht ein Teufelskreis, der eine Anhäufung unbewusster Aggressivität bewirkt – eine Anhäufung, die, wie ich meine, nicht nur zu Krieg, sondern auch zu vielen anderen sozialen Problemen führt. Dieses übermäßige Anwachsen von Aggressivität lässt sich vielleicht nicht vermeiden, jedenfalls nicht in dem Sinn, dass wir Kinder groß daran hindern könnten, sie zu entwickeln. Aber sie lässt sich behandeln, da sie nicht rational ist. Letztlich beruht sie auf einem ganzen System kindlicher Trugschlüsse und kann daher auf ein vernünftiges und vielleicht sogar nützliches Maß reduziert werden, wenn dieses System aus Trugschlüssen zerstört werden kann.

Dies zu bewerkstelligen ist das Ziel der Psychoanalyse. Die Psychoanalyse versucht zu erreichen, dass das Individuum weniger neurotisch wird, also zufriedener mit sich selbst, und weniger eine Last für seine Freunde. Die Psychoanalyse ist die jüngste der Wissenschaften und ihre Zukunft ist immer noch unbekannt. Aber wir könnten zumindest hoffen, dass die Verrücktheit der Nationen, ähnlich wie die Verrücktheit von Individuen, langsam, aber sicher im Licht weiteren Wissens nachlässt.[5]

5 Ich habe zum damaligen Zeitpunkt, ähnlich wie Melanie Klein selbst, die sozialen Verbesserungen überschätzt, die sich durch die Psychoanalyse, insbesondere die Psychoanalyse von Kindern, erreichen lassen.

Fußnote zu diesem Artikel: Wenn ich daran denke, dass der auf Seite 30 in der Fußnote erwähnte Freund mich 1932 mitgenommen hatte, um eine Rede Hitlers zu hören, kurz bevor dieser Reichskanzler wurde, und dass wir beide überzeugt waren, er könne nur durch Gewalt gestoppt werden, dann kann ich kaum noch nachvollziehen, warum ich mich in dieser Radiosendung so vergleichsweise zurückhaltend geäußert habe. Ich habe nicht gesagt, dass meines Erachtens Hitler den Punkt bereits überschritten hatte, an dem eine Umkehr noch möglich gewesen wäre. Und ich weiß nicht, ob der Grund dafür meine Angst war, die Situation noch schlimmer zu machen, als sie schon war, oder eine andauernde Unsicherheit über Hitlers Motive oder einfach nur die Angst, zuhause unpopulär zu werden, wenn dort alle, außer Churchill und seinen Anhängern, für Frieden eintraten.

*Aus dem Englischen übersetzt von Antje Vaihinger*

# Einführung zu Kapitel 2

Die drei Jahre nach Money-Kyrles Beitrag für die BBC im *British Journal of Medical Psychology* erschienene Arbeit nimmt die damals formulierten Motive wieder auf, stellt sie jetzt aber in einen breiteren anthropologischen und kulturhistorischen Kontext. Money-Kyrle fragt, inwieweit die Fähigkeit, innerhalb der eigenen Spezies Krieg zu führen, ausschließlich dem Menschen zukommt, und thematisiert die entwicklungsgeschichtlichen Voraussetzungen. Die Weiterentwicklung der psychoanalytischen Theorie habe das Verständnis von projektiven und introjektiven Mechanismen sowie von Spaltungsprozessen vertieft. Erneut kommt Money-Kyrle auf die manische Abwehr paranoider Ängste zu sprechen.

Er erwähnt die Beobachtung eines kleinen Jungen, der panische Angst vor einem imaginären Löwen in einem Baumstumpf hat. Zuerst traut er sich nicht, sich diesem gefährlichen Objekt, das seine eigene bedrohliche Aggression enthält, zu nähern. Dann aber wird er selbst zum Löwen und nähert sich mit lautem Gebrüll dem feindlichen Tier. Das damit einhergehende Hochgefühl kennzeichnet die manische Abwehr. Ähnliche Prozesse spielen sich zwischen verfeindeten Nationen ab, und jeder Angriff macht die Furcht noch wirklicher.

Auch wenn Money-Kyrles Vermutung, dass es unter den höher entwickelten Lebewesen keine Parallelen zu den Kriegen gebe, die Menschen untereinander führen, aufgrund neuerer ethnologischer Erkenntnisse zu Stammeskriegen unter Primaten (Goodall 1986; Watts 2012) modifiziert werden muss, so sind seine Erkenntnisse über die Regression des Denkens und die Rückkehr zu primitiven, konkretistischen Teilobjektbeziehungen doch von grundlegender Bedeutung. Für die menschliche Entwicklung ist die Ausdifferenzierung einer inneren Objektwelt, der Aufbau eines Über-Ich und der Übergang zur Symbolverwendung bedeutsam. Anders als Tiere, so vermutet Money-Kyrle, werde der Mensch von guten und bösen Geistern besessen, die in primitiven Gemeinschaften in Steine, Bäume oder Naturereignisse projiziert und durch magische Rituale gebannt werden müssen. Teilobjekte werden mit Kriegstrophäen wie Zähnen, Köpfen oder Beuteobjekten gleichsetzt. Opfergaben sollen Rache verhindern oder die Götter beschwichtigen. In entwickelten Gesellschaften treten territoriale, wirtschaftliche oder Machtmotive an deren Stelle. Mit fortschreitender Zivilisation treten schließlich moralische Gründe und Rechtfertigungen in den Vordergrund. Der Mensch unterscheide sich vom Tier vor allem dadurch, dass er ein Gewissen aufbaue, ein Idealbild seiner Eltern entwickle, in dem bestimmte verinnerlichte Normen und Verbote wirksam werden.

Aber eben diese Über-Ich-Entwicklung ist anfällig für Verzerrungen. Sie prägen nicht nur die Vorstellung des eigenen Selbst, sondern auch unsere gesellschaftlichen Überzeugungen und unsere Sicht des »Fremden«. Money-Kyrle kann hier auf seine frühen Untersuchungen zur Moralentwicklung und zum Opferkult Bezug nehmen (Money-Kyrle 1930, 1932b). Aus seiner Sicht ist Krieg viel mehr als eine verzerrte Form der Kämpfe unter Tieren. Er ist das »Endprodukt eines psychotischen Prozesses«.

Money-Kyrle hatte die hier publizierte Arbeit erstmals vor der Anthropologischen Gesellschaft der Universität Oxford vorgetragen, was die zahlreichen ethnologischen und entwicklungsgeschichtlichen Verweise verständlich macht. Er zeigt, welchen wichtigen Beitrag die sich entwickelnde psychoanalytische Theorie für das Verständnis kriegerischer Konflikte leisten kann. Und er fügte in einem bedeutsamen Nachwort hinzu, dass Krieg auch aus dem Zusammenbruch reparativer Mechanismen resultiert, die unter normalen Bedingungen die Aufrechterhaltung des Friedenszustandes sicherstellen.

*Heinz Weiß*

## Literatur

Goodall, J. (1986), *The Chimpanzees of Gombe: Patterns of Behaviour.* Cambridge/Massachusetts: Harvard Universities Press.

Money-Kyrle, R. (1930), *The Meaning of Sacrifice* (eds. Leonard and Virginia Woolf). London: Hogarth.

Money-Kyrle, R. (1932b), *Apasia. The Future of Immorality*. London: Kegan Paul.

Watts, D. P. (2012), Long-Term Research on Chimpanzees in Kitsale National Park, Uganda, in: Kappeler, P. M., Watts, D. P. (Hrsg.), *Long-Term Field Studies of Primates*. Heidelberg: Springer, 313–338.

Kapitel 2

# Wie entstehen Kriege?
## Ein psychologischer Ansatz[1/2]

### I. Motive für einen Krieg

Nach Bacons Auffassung sollten wir zunächst unsere Fakten zusammentragen, bevor wir anfangen, Theorien zu formulieren. Aber es gibt dermaßen viele Fakten, dass der reine Baconianer nie über das Stadium des Faktensammelns hinauskäme. In der Praxis starten wir alle mit einer Theorie und suchen dann nach den passenden Fakten; wir gehen hinreichend wissenschaftlich vor, wenn wir die Theorie immer dann modifizieren, wenn die Fakten ihr nicht entsprechen. Oder anders gesagt besteht unser Vorgehen aus einer Reihe von Annäherungen.

*(1) Bewusste Motive*

Hinsichtlich der bewussten Motive für einen Krieg sind viele Theorien vorgeschlagen worden. Zum einen wird Krieg mit dem notwendigen Kampf um Existenzgrundlagen begründet, also der Tatsache, dass die Ernährung der Bevölkerung sichergestellt werden muss. Wer diese Auffassung vertritt, geht in der Regel davon aus, dass dies für Tiere wie Menschen gleichermaßen gilt. Aber bei Kaninchen beispielsweise führt ein Bevölkerungsüberschuss zu Hungersnöten und Krankheiten, nicht zu Krieg – was für die Spezies biologisch vorteilhafter sein könnte. Selbst größere Raub-

1 *Brit. J. Med. Psych.*, Bd. 16, 1937.
2 Vortrag bei einem Meeting der Oxford University Anthropological Society am 5. März 1936.

tiere machen, soweit ich weiß, bei Nahrungsknappheit nicht Jagd auf ihre Artgenossen. Der Mensch kämpft natürlich um Nahrung und um Land, um Nahrungsmittel anzubauen; aber genauso oft führt er aus anderen Gründen Krieg oder sogar ohne einen stichhaltigen Grund zu haben. Ich meine, man könnte sogar sagen, dass der primitive Mensch am ehesten dann Krieg führt, wenn alle seine ökonomischen Bedürfnisse befriedigt sind. Die Zeit des Überflusses ist die Zeit des Krieges. Mars war sowohl der Frühlingsgott als auch der Kriegsgott – und bezeichnenderweise sogar der Gott der Ehe.

Eine alternative Theorie führt den Krieg auf Ehrgeiz zurück, entweder auf den Ehrgeiz der Herrscher oder von Privatunternehmen oder ganzer Nationen. Das trifft sicher für eine ganze Reihe von Kriegen zu, jedenfalls dann, wenn Ehrgeiz weit mehr umfasst als rational begründetes Eigeninteresse. Der Streit um Territorien und Märkte oder auch schlicht Plünderungen sind Kriegsziele gewesen; aber das gilt auch für Köpfe oder andere Trophäen und Schlachtopfer.

Einer weiteren Theorie zufolge ist der Wunsch nach Rache der häufigste Grund für einen Krieg – insbesondere zwischen sogenannten primitiven Völkern, falls bei ihnen der Glaube herrscht, dass die Toten ihre überlebenden Angehörigen solange verfolgen würden, bis ihr Tod gerächt ist. Bei zivilisierten Völkern taucht das Rachemotiv oft in moralisierter Form wieder auf, beispielsweise im Gefühl einer berechtigten Empörung.

Und schließlich sind Kriege auf Angst zurückgeführt worden, da Nationen aggressiv werden, wenn sie damit rechnen, angegriffen zu werden.

Jede dieser Theorien enthält demnach eine Teilwahrheit; der Mensch führt aus einer Vielzahl von Motiven Krieg. Anders gesagt, er hat eine kriegerische Disposition, die sehr leicht zu entfachen ist. Noch vor Kurzem hätte man diese Disposition als ein Merkmal der Evolution abgetan – da die natürliche Selektion oft der grausamsten Spezies den Vorzug gibt, ähnlich wie die sexuelle Selektion den aggressivsten Männchen. Aber seit wir über mehr psychologisches Wissen und insbesondere über psychoanalytisches Wissen verfügen, haben wir aufgehört, die Evolution unserer Triebimpulse für selbstverständlich zu halten, und haben angefangen zu untersuchen, wie sie sich in einem Individuum tatsächlich entwickeln.

## (2) Unbewusste Motive

Die psychoanalytische Theorie geht davon aus, dass bewusste Motive sowohl inhaltlich als auch in ihrem Ausmaß von unbewussten Motiven beeinflusst werden, die sich in der Säuglingszeit und in der Kindheit entwickelt haben. Wie für jede Wissenschaft gilt auch für die Psychoanalyse, dass sie nicht statisch ist. Ihre Beschreibung der unbewussten Motive sieht heute etwas anders aus als noch vor ein paar Jahren – oder wie sie wahrscheinlich in einigen Jahren lauten wird. Aber ausgehend von einer mittlerweile größeren empirischen Basis sind ihre früheren Schlussfolgerungen modifiziert und erweitert, aber nicht verworfen worden.

*(a) Die sexuelle Theorie*

Wäre Freud oder einer seiner Anhänger in den Anfangszeiten der Psychoanalyse um eine Erklärung für Kriege gebeten worden, hätte er wohl gesagt, dass in einem Krieg all das ausbreche, was in einer Zivilisation normalerweise verdrängt werde, also all das, was normalerweise nur im Unbewussten existiert.[3] Insbesondere hätte er, da er sich zu dieser Zeit vor allem mit der Sexualität beschäftigte, wahrscheinlich darauf hingewiesen, dass die meisten Angriffswaffen Phallussymbole sind und dass in Träumen das Erstechen oder Erschießen eines Feindes oft eine sexuelle Attacke symbolisiert. Und davon ausgehend hätte er vielleicht gefolgert, dass der Ausbruch eines Krieges, zumindest bis zu einem gewissen Grad, der staatlich sanktionierte Ausbruch einer Perversion sei.

*(b) Die Ödipus-Theorie*

Hätte man einem Analytiker dieselbe Frage einige Jahre später gestellt, hätte er den Krieg in den Begriffen des Ödipuskomplexes erklärt, so wie ihn Freud ursprünglich formuliert hatte.[4] Der Junge beansprucht die Mutter für sich und tendiert dazu, den Vater, zumindest unbewusst, als den wichtigsten Rivalen zu fürchten und zu hassen. Da er den Vater jedoch

3 Siehe Freud, S. (1915b). Zeitgemäßes über Krieg und Tod. *GW 16*, 59-99.

4 Siehe Jones, E. (1915). War and Individual Psychology. *The Sociological Review*, Juli 1915. Siehe auch Money-Kyrle (1932). *Aspasia*. London: Paul, Trench und Trubner.

auch liebt, gerät er wegen dieser drei Empfindungen – unbewusster Hass und unbewusste Furcht sowie bewusste Liebe – gegenüber ein- und derselben Person in einen unerträglichen Konflikt. Diesem Konflikt entgeht er durch eine teilweise Inversion, das heißt, bis zu einem gewissen Grad ersetzt er seine maskuline Haltung gegenüber der Mutter durch eine feminine Haltung gegenüber dem Vater. Er wird ein guter Sohn.

Interessanterweise findet sich eine ähnliche Verkehrung einer männlichen in eine weibliche Haltung bei einem jungen Pavian, nachdem er ein älteres Männchen erfolglos herausgefordert hat.[5] Aber beim Jungen verläuft die partielle Inversion gegenüber dem Vater sublimer und hinterlässt einen dauerhaften Eindruck. Er wiederholt sie in seinen Beziehungen zu älteren Jungen und Lehrern und später gegenüber seinem Chef, seinem militärischen Vorgesetzten oder seinem König. Neben weiteren Faktoren bildet diese Inversion deshalb die Basis für die Art von Loyalität, die eine menschliche Gruppe zusammenhält. Und Loyalität ist, in Verbindung mit der durch sie ermöglichten Zusammenarbeit, einer der wichtigsten Faktoren, die die menschliche Kriegsführung von den promiskuösen Kämpfen der Affen unterscheidet.

Um noch einmal auf den Ödipuskomplex zurückzukommen: Der verdrängte Hass löst sich nicht einfach auf. Er lebt im Unbewussten weiter und wird durch andere Formen eines Vatersymbols geweckt. Demnach wirken sich zwei Formen eines Vatersymbols lebenslang auf den Jungen aus: Die eine evoziert seine Loyalität, die andere seinen Hass. Als Kind entwickelt er vielleicht neben der Bewunderung für seinen Vater eine Tierphobie; in der Schule wird er einige Jungen und Lehrer als Helden verehren, andere wird er vielleicht nicht ausstehen können und schikanieren. Und später als erwachsener Mann wird seiner Loyalität gegenüber seinem Chef oder seiner eigenen Gruppe als einem personifizierten Ideal der Hass auf irgendeinen anderen Führer oder irgendeine andere Gruppe gegenüberstehen. Und aus diesem Grund ist er prädisponiert für einen Krieg.

Es scheint sogar eine positive Korrelation zwischen dem Grad der Verehrung der eigenen Führer, des eigenen Landes einerseits und der Stärke des Hasses auf die jeweiligen Feinde andererseits zu geben. Das Ausmaß,

5 Zuckerman, S. (1932), *The Social Life of Monkeys and Apes*. London: Paul, Trench und Trubner.

in dem ein Napoleon, Mussolini oder Hitler vergöttert wird, ist ein Maß für die militante Begeisterung ihrer Völker. Bis zu einem gewissen Grad scheint diese Dichotomie mit zunehmender Zivilisation sogar stärker ausgeprägt zu sein: Bei den Bewohnern Zentralaustraliens unterscheiden sich laut Roheim[6] Götter und Teufel nur unwesentlich voneinander. Die magischen Kräfte des jeweiligen Anführers können sowohl böse als auch gut sein.

Eine weitere Folge der Aufspaltung des Vaterbildes in zwei Figuren besteht darin, dass die Götter des einen Volkes die Teufel des anderen sind. Das gilt nicht nur für die Bewohner Zentralaustraliens oder die alten semitischen Völker im Nahen Osten, sondern auch für zivilisierte Nationen. Ein Napoleon oder ein Mussolini oder ein Hitler mögen in ihrem eigenen Land ein Gott sein, aber dieselben drei Namen klingen in den Ohren vieler ihrer Nachbarn nach einem Teufel.

*(c) Die paranoische Theorie*

So in etwa lautet die psychoanalytische Theorie, wie man sie vor ein paar Jahren umrissen hätte. Würde einem Analytiker dieselbe Frage heute gestellt, würde er diese Antwort wohl nicht zurückweisen, sich aber auf tieferliegende Faktoren konzentrieren, die er zuvor vernachlässigt hatte[7] – Faktoren, die durch die Kinderanalyse und insbesondere durch die Arbeit von Frau Klein aufgedeckt wurden. Er würde darauf hinweisen, dass die Aggression früher auftritt und ihre Geschichte komplizierter ist, als sie in der Darstellung der ödipalen Situation vermittelt wird. Die wichtigsten Ereignisse in dieser Geschichte geschehen bereits, solange das Kind noch an der Brust seiner Mutter liegt und aus dem Saugen ein Beißen wird. Dieses Stadium geht anscheinend mit Phantasien einher, die Mutter aufzuessen oder in sie hineinzubeißen, um sich bestimmte geheimnisvolle Substanzen oder Objekte anzueignen oder zu zerstören, die im Inneren der Mutter vermutet werden.

Es kann nicht überraschen, dass die Mutter im Erleben des Säuglings alle guten und nahrhaften Substanzen in sich verwahrt, und auch nicht,

6 Roheim, G. (1934), *The Riddle of the Sphinx*. London: Hogarth.
7 Siehe Glover, Edward (1933), *War, Sadism and Pacifism*. London, Allen and Unwin.

dass sich seine ersten Beißimpulse gegen sie richten. Aber die Tatsache, dass sie in seinem Erleben auch voller gefährlicher und böser Objekte der verschiedensten Art sein sollte, verlangt nach einer Erklärung, die nach meinem Verständnis etwa folgendermaßen lautet. Das Leben des Säuglings beginnt nicht mit vorgefertigten Konzepten über andere Menschen. Anfangs besteht seine Welt aus ›Teilobjekten‹ – Brüsten, Händen, Gesichtern usw., die seine Aufmerksamkeit fesseln, weil sie mit der Befriedigung oder Versagung seiner Bedürfnisse verknüpft sind. Darüber hinaus schreibt er diesen Objekten seine eigenen Gefühle zu. Seine Einstellung ihnen gegenüber ist »animatistisch«, wenn ich diesen Begriff von Dr. Marett[8] übernehmen darf. Diese Objekte sind im Erleben des Säuglings lebendig, aber nicht von Geistern besessen. Wenn er sie liebt, sind sie für sein Empfinden gutartig; wenn er sich jedoch ihnen gegenüber aggressiv verhält, erlebt er sie als bösartig. Insbesondere wünscht er sich – wenn man den Begriff ›wünschen‹ in diesem Stadium gebrauchen darf –, Teile seiner Mutter zu verzehren, und schreibt deshalb diesen Teilen ähnliche kannibalistische Impulse zu. Psychoanalytisch formuliert: Er projiziert seine eigenen oralsadistischen Regungen auf sie.

Dieser ganze Prozess wird noch durch einen weiteren Mechanismus verkompliziert – den Mechanismus der Introjektion. Vielleicht weil das Kind nicht unterscheiden kann, ob etwas nur gedacht oder aber vollzogen wurde, glaubt es womöglich, es habe alle diese guten und bösen Objekte verschluckt. Es fühlt sich dann voller *mana*, voller magischer Kräfte im Guten wie im Bösen. Aber insofern die introjizierten Objekte maligne sind, erlebt es sie nicht nur für sich selbst als gefährlich, sondern auch für die Dinge, die es am meisten liebt; und um dieser neuen Angst zu entgehen, projiziert es auch sie. Das ist die teuflische Spirale aus Projektion und Introjektion – eine Spirale, weil der Hass und die Furcht bei jeder Wiederholung dieses Vorgangs intensiviert werden.

Wenn dieser Teil der Theorie phantastisch und unverständlich klingt, sollten wir uns daran erinnern, dass er einen Sektor der vordersten Frontlinie der Psychoanalyse bildet und noch nicht geordnet ist. Aber die Analogie zwischen dem Seelenleben des Säuglings in der Darstellung der Kinderanalytiker und des Medizinmanns bei primitiven Völkern in

8 Marett, R. R. (1909), The Threshold of Religion, London.

der Darstellung der Anthropologen zeigt, so hoffe ich, deutlich genug, dass etwas entdeckt wird, das für beide Wissenschaften von großer Bedeutung ist.

Auch die nächste Entwicklungsphase weist anthropologische Parallelen auf: Der Übergang von der Säuglingszeit in die Kindheit beinhaltet den Übergang vom Animatismus zum Animismus. Die Welt des Säuglings besteht nur aus seiner Mutter und ihm selbst und zwar nicht als integrierten Persönlichkeiten, sondern als einer Ansammlung aus animatistischen Teilobjekten. Die kindliche Welt nimmt allmählich vertrautere Formen an, ist jedoch noch nicht materialistisch. Sie setzt sich nicht länger aus gefährlichen und hilfreichen Substanzen oder Objekten zusammen; vielmehr spuken gute und böse Geister in ihr. Das Kind, dessen infantiles Unbewusstes immer noch die Eltern aufessen möchte, hat Angst, von einer Hexe aufgefressen zu werden, vielleicht auch von einem Tiger unter seinem Bett oder im Schatten an der Wand. Seinen Kannibalismus projiziert es immer noch; aber mittlerweile entstehen dabei böse Figuren statt maligner Objekte.

Ähnlich wie in der Säuglingszeit folgen Projektion und Introjektion aufeinander. Das Kind neigt dazu, die von ihm geschaffenen Feen und Hexen zu introjizieren. Nun kann, aus Gründen, die ich noch nicht völlig verstehe, ein introjizierter Geist vielfältige Auswirkungen haben: Das Kind erlebt ihn vielleicht als gefährlich, vielleicht akzeptiert es ihn auch. Wenn er gefährlich ist, bedroht er vielleicht das Kind *oder* Andere. Insoweit er das Kind selbst bedroht, löst er depressive oder hypochondrische Gefühle aus und könnte dann einen Teil seines Über-Ichs bilden – den bedrohlichen und einschränkenden Teil im Unterschied zu einem tröstlichen Teil. Insoweit er andere bedroht, wird das Kind sich vor seinen magischen bösen Kräften fürchten. Aber insoweit es ihn akzeptiert, wird dieser Geist ihm ein ziemlich manisches Gefühl der Stärke verleihen. Man könnte dann sagen, dass es sich mit ihm identifiziert.

Dieser manische Prozess scheint der Prototyp für die Kriegspsychologie des Erwachsenen zu sein. Indem das Kind sich mit seinen bösen Geistern identifiziert, macht es sich in einem offensiv-defensiven und gegen die imaginären Gefahren gerichteten Akt erneut die Aggression zu eigen, die es ursprünglich projiziert hatte, um diese bösen Geister zu erschaffen.

Anders als nach den Berichten Roheims[9] bei Kindern in Zentralaustralien zeigt sich dies bei europäischen Kindern im Spiel. Ich erinnere mich an einen kleinen zweijährigen Jungen, der eine furchtbare Angst vor einem imaginären Löwen entwickelt hatte, der in einem bestimmten, merkwürdig geformten Baumstumpf spukte und meines Erachtens zweifellos eine Verkörperung seiner eigenen projizierten Aggression war. Anfangs hatte er viel zu viel Angst, um sich ihm zu nähern; aber nach einer Weile sagte er, er sei selbst ein Löwe, sodass er sich mutig genug fühlte, den anderen Löwen in dem Baumstumpf anzufauchen. In anderen Worten hatte er das Schreckliche, das er projiziert hatte, re-introjiziert und sich damit identifiziert. Die meisten Kinder bewältigen mit diesem Mechanismus ihre Ängste im Spiel. Ihre Scheu wird durch Aggression ersetzt. Aber ähnlich wie ihre Scheu irrational war, übersteigt auch ihre Aggression eine durch die realen Gefahren der Außenwelt gerechtfertigte Aggression.

Jedes Kind durchläuft eine Phase, in der es seine eigene Aggression auf diese Weise projiziert und seine Welt mit imaginären Gefahren bevölkert – in welchem Ausmaß dies geschieht, hängt von seiner angeborenen Aggressivität ab und davon, wie massiv diese ausgelöst wurde. Wenn das Kind diese Phase nicht hinter sich lässt oder später im Leben zu ihr zurückkehrt, wird es später als Erwachsener unter Verfolgungswahn leiden und als Paranoiker diagnostiziert werden. Und wenn er sich gegen die imaginären Gefahren wehrt, indem er sich mit ihnen identifiziert und sich ihre Stärke zu eigen macht, könnte er als manisch bezeichnet werden.

Der Unterschied zwischen normal und anomal ist eine Frage der Abstufung. Das normale Individuum verdächtigt seine ausländischen Nachbarn nicht, ohne einen Grund dafür zu haben; aber wenn sie ihn bedrohen, könnte es die Gefahr übertreiben und eine eher manische Abwehr einsetzen. Darüber hinaus könnte diese Einstellung noch durch das Beispiel seiner Freunde intensiviert werden, insbesondere auch durch das Beispiel seiner politischen Führer, die in seinem Erleben Vaterfiguren sind und sein Gewissen verkörpern. In Zeiten der Unzufriedenheit könnte ein abnormes Individuum – ein hitziger Demagoge, der immer noch Baumstümpfe anfaucht, weil in ihnen immer noch imaginäre Löwen hausen – zum Führer gewählt werden, wenn er einen Sündenbock für die latenten Verdächti-

9 Roheim, G. (1934), The Riddle of the Sphinx. London: Hogarth, S. 157.

gungen seines Volkes findet. Selbst wenn hinter dem Fauchen kein Beißen steckt, könnte er sowohl bei seinen Anhängern als auch bei denen, die er verbal attackiert, paranoide und manische Reaktionen hervorrufen – und damit etwas real werden lassen, was zuvor eine imaginäre Gefahr war.

Man könnte diese Theorie als ›paranoische‹ Kriegstheorie bezeichnen. Auf den ersten Blick scheint sie sich deutlich von den ›sexuellen‹ oder ›ödipalen‹ Kriegstheorien zu unterscheiden; tatsächlich aber ergänzen sich diese drei psychoanalytischen Theorien in gewisser Weise. Selbst die sexuelle Theorie war auf ihre Weise zutreffend, auch wenn sie nicht viel erklärte. Die paranoische Theorie geht auf die von der ödipalen Theorie vernachlässigten frühen Entwicklungsstadien ein. Nicht der Vater, sondern die Mutter, oder vielmehr ein Teil von ihr, ist das erste Ziel der Aggression.[10] Der gehasste Vater, mit dem in der klassischen Ödipustheorie die ontogenetische Darstellung einsetzte, wird jetzt nicht so sehr als reale Person betrachtet, sondern als eine Projektion der kindlichen und auf die Mutter gerichteten Impulse.

Letzten Endes erklärt die paranoische Theorie die Irrationalität und die Instabilität des größten Teils dieser Aggression. Aus Sicht der Ödipustheorie war Hass eine völlig rationale Folge der kindlichen Eifersucht. Aber nach der paranoischen Theorie ist schon diese Eifersucht paranoid. Und darin liegt ein großer Unterschied. Von Natur aus ist die Grundausstattung des Menschen vielleicht gar nicht so aggressiv: Angeboren ist vielleicht nur ein Bruchteil dessen, was der paranoide Abwehrvorgang aus Projektion und Introjektion hervorbringt. Sollte dies zutreffen, hellen sich die Aussichten auf künftigen Frieden deutlich auf, da es keinen vernünftigen Grund gibt, warum die psychotische Phase, die anscheinend jedes Kind durchmacht, nicht dank erzieherischer Maßnahmen weniger intensiv verlaufen oder zumindest die gefährlichen Auswirkungen dieser Phase geringer werden sollten.

10 In einem sehr frühen Entwicklungsstadium scheint sich die Aggression gegen eine aus beiden Eltern zusammengesetzte Figur zu richten und sie voneinander trennen zu wollen.

## II. Die Entstehung des Krieges

Nicht nur ergänzen sich die drei Theorien über die kriegerische Disposition des Menschen; sie sind darüber hinaus auch eine Ergänzung der Evolutionstheorien und ersetzen sie nicht. Deshalb sollten wir, wenn wir alle diese Theorien miteinander verknüpfen, im letzten Stadium in einer Reihe von Annäherungen zur Wahrheit gelangen. Zweifellos bleiben noch viele weitere Stadien auszuarbeiten; aber es sollte zumindest möglich sein, eine vorläufige Darstellung des Ursprungs und der Entstehung von Kriegen vorzulegen.

### (1) *Der Ursprung der Aggression*

Einem ungelösten Problem, das sich bereits zu Beginn stellt, kann man sich nicht entziehen: Es ist immer noch unklar, woraus Aggression eigentlich besteht. Drei mögliche Auffassungen scheint es zu geben: Aggression könnte ein eigenständiger Trieb sein, sie könnte eine Reaktion auf Frustration sein oder eine Eigenschaft spezifischer Triebe.

#### (a) *Ein eigenständiger Trieb*

Nach Freud ist Aggression – die sich sowohl gegen das eigene Selbst als auch gegen einen äußeren Feind richten kann – ein Ausdruck des Todestriebs oder Thanatos, der nach Auffassung Freuds zusammen mit dem Eros die beiden grundlegenden Triebe bildet. Ich war mit dieser Sichtweise nie ganz einverstanden, weil sie meines Erachtens einen völlig eindeutigen aggressiven Impuls mit einem eher vagen Prinzip verknüpft, das man als ›biologische Elastizität‹[11] bezeichnen könnte.

11 Organismen reagieren, wann immer sie von innen oder außen stimuliert werden, so lange, bis der Reiz aufgrund dieser Reaktion aufhört. Deshalb könnte man – wenn man den Ausdruck rein behavioristisch versteht – sagen, sie ›suchen‹ nach einem maximalen Ruhezustand, was als »Nirvana-Prinzip« bezeichnet wurde. Aber Freud geht noch weiter und meint, dass Organismen eine innere Bereitschaft haben, zu dem Zustand zurückzukehren, aus dem sie aufgestört wurden – letztlich dem Tod, was er als den ›Todestrieb‹ bezeichnet.

(b) *Reaktion auf Frustration*

Ich fand es immer plausibler, Aggression als eine Reaktion auf Frustration zu sehen. Aber auch diese Idee ist nicht wirklich befriedigend. Manche Versagungen scheinen erträglicher zu sein als andere. Außerdem wird darauf hingewiesen, dass bei vielen Spezies die Männchen während der Paarungszeit aggressiver sind, auch wenn sie nicht frustriert werden.

(c) *Eine Eigenschaft bestimmter Triebe*

Einer dritten Auffassung zufolge ist Aggressivität eine Eigenschaft bestimmter Triebe. Oder, genauer gesagt, ist sie ursprünglich eine Eigenschaft eines bestimmten Triebes, mit dem sie weiterhin eng verknüpft ist, aber später sowohl phylogenetisch als auch ontogenetisch von anderen Triebarten oder -impulsen adaptiert und eingesetzt wird.

In diesem Fall gibt es offensichtlich zwei Möglichkeiten: Ursprünglich galt die Aggression vielleicht der Nahrungssuche oder der Sexualität. Bei Säuglingen geht die orale Aggressivität weit über das hinaus, was für das Saugen notwendig ist, und sie taucht nicht nur im sexuellen Vorspiel wieder auf, sondern auch als Ersatzhandlung in Träumen und Perversionen. Borgt sich die Sexualität hier ihre aggressive Komponente aus der Fütterungssituation oder ist die orale Aggression des Säuglings bereits sexuell gefärbt? Dies ist die Art von psychoanalytischer Fragestellung, die durch phylogenetische Untersuchungen geklärt werden könnte. Aber bis jetzt lehrt uns die Biologie sehr viel weniger über die Evolution der Triebe als über die Evolution der Organe, die von den Trieben benutzt werden. Bis zu einem gewissen Grad kann natürlich die Evolution der Triebimpulse aus der Evolution der Organe gefolgert werden; es wäre deshalb interessant, die Evolution der verschiedenen offensiven Organe nachzuverfolgen, mit denen viele Spezies ausgestattet sind. In den meisten Fällen scheinen diese Organe vor allem zum männlichen Geschlecht gehört zu haben; und in einigen Fällen scheinen sie – obwohl ich an diesem Punkt meine Zweifel habe – der Überwältigung der Weibchen gedient zu haben, bevor sie allgemein zu Angriffswaffen wurden.[12] Wenn dies zutrifft, könnte eine

12 Hesse, R. & Doflein, F. (1910–1914), Tierbau und Tierleben. Leipzig. Hier zitiert nach Roheim, G. (1930), Animism, Magic and the Divine King. London: Kegan Paul, Trench u. Trubner & Co.

Form der Aggression, die sich zunächst als Teil der männlichen Reaktion auf Weibchen herausgebildet hatte, für sexuelle Rivalitätskämpfe adaptiert und dann durch Kreuzvererbung auf weibliche Exemplare übertragen worden sein, sodass sie dann von beiden Geschlechtern im Dienst der Nahrungssuche und anderer Triebimpulse eingesetzt werden konnte, bei den Weibchen zum Beispiel zur Verteidigung ihrer Jungen.[13]

Das ist zugegebenermaßen spekulativ. Aber wie auch immer Aggression entstanden ist, so scheint sie doch vor allem mit dem männlichen Sexualtrieb verknüpft zu sein; und mit einem Sexualhormon – der Bulle ist aggressiver als der Ochse. Darüber hinaus kommt, zumindest bei den höheren Tierarten, die Aggression bei den Rivalitätskämpfen der männlichen Tiere während der Paarungszeit besonders gnadenlos zum Ausdruck. Tatsächlich ist, von wenigen Ausnahmen abgesehen, sexuelle Rivalität das einzige Motiv für Kämpfe innerhalb einer Spezies. Und daraus könnte man vielleicht folgern, dass in unserer eigenen Vorgeschichte ein Mann nur dann einen anderen Mann angriff, wenn er dessen Frau begehrte und für sich erobern wollte.

## *(2) Der Ursprung des Krieges*

Unter den höheren Tierarten gibt es keine Parallele zu Kriegen zwischen Menschen. Ein Krieg besteht aus Kämpfen, Kämpfen zwischen Mitgliedern derselben Spezies und *aus Kooperation.* Und in den Paarungskämpfen der Tiere gelten nur die ersten beiden Teile dieser Definition.

Der Affe ist der nächste Verwandte des Menschen; und wir neigen, vielleicht nicht ganz zu Recht, zu der Annahme, dass seine Soziologie nicht allzu sehr von der direkten Entstehungslinie der menschlichen Kultur abweicht. Deshalb sind hier insgesamt die Ähnlichkeiten und Unterschiede ganz besonders interessant. Wenn ich Dr. Zuckermans Ausführungen[14] richtig verstehe, gibt es bei Pavianen keinen Krieg in dem Sinn, dass eine

13 Durch die natürliche Selektion wurde zweifellos etwas weiterentwickelt, was ursprünglich durch die sexuelle Evolution entstanden war.

14 Zuckerman, S. (1932), The Social Life of Monkeys and Apes. London: Kegan Paul, Trench, Trubner & Co.

Gruppe eine andere angreift. Bei Kämpfen, die fast immer ein sexuelles Motiv zu haben scheinen, kämpft jeder gegen jeden. Es gibt auch keine Revolution: Wenn sich die Männchen überhaupt zusammentun, tun sie dies, um denjenigen aus ihrer Gruppe zu bekämpfen, der zufällig gerade Schwierigkeiten macht; sie kämpfen nicht notwendigerweise gegen ihren Anführer wie in Freuds hypothetischer Urhorde. Kurz gesagt gibt es bei ihnen keine wirkliche Kooperation, weder *unter* einem Anführer noch *gegen* ihn.

Was manchmal als Kooperation bezeichnet wird, geht nicht über das Stadium hinaus, in dem Gefühle und Handlungen gewissermaßen ansteckend sind. Die Begeisterung, sich in einen Kampf zu stürzen, wirkt vielleicht in einer Pavianhorde genauso ansteckend wie in einer Gruppe von Menschen; aber ein Affe wird *nicht aufgefordert, Partei zu ergreifen.* Er weiß nur, dass gerade etwas Aufregendes passiert, das er nicht verpassen möchte; er greift dann einfach das Tier an, das ihm zufällig am nächsten ist. Dieselben Gefühle können auch einen Mann überkommen, der sich am Rand einer Schlägerei vor einem Pub wiederfindet. Aber der Mensch ist in der Lage, *unter einem Anführer und mit einer Gruppe gegen eine andere zu kämpfen*, was der Affe anscheinend nicht kann.

Trotzdem scheint in einer Affenhorde bereits eine der Bedingungen erfüllt zu sein, die nach Freud für eine Kooperation nötig sind. Die Jungtiere, die noch kein Weibchen für sich ergattern konnten, binden sich oft an ein älteres Männchen. Darüber hinaus reagieren sie auf eine Niederlage, nachdem sie einen Stärkeren erfolglos herausgefordert haben, oft mit einer weiblichen Haltung: Sie bieten sich ihm dann wie ein Weibchen an und werden von den siegreichen Männchen bestiegen.[15] Ohne diese homosexuelle Komponente oder diese Fähigkeit zur Inversion wären Tiere wie die Paviane, die ganzjährig paarungsbereit sind, vielleicht nicht in der Lage, mehr als ein Männchen in jeder Gruppe zu tolerieren. Aber der Pavian kennt wenig Hemmungen; und wahrscheinlich kommt es deshalb nicht zu einer Sublimierung der erotischen Bindung in eine dauerhafte Loyalität, wie sie für menschliche Gruppen charakteristisch ist.

15 S. Zuckerman in einem Vortrag vor der Britischen Psychoanalytischen Gesellschaft. Siehe auch Zuckerman, S. (1932), The Social Life of Monkeys and Apes.

Es besteht also eine große Kluft zwischen dem aggressiven Verhalten von Tieren und dem Krieg zwischen Menschen. Anders als Tiere bekämpft der Mensch seine eigene Spezies nicht nur aus unmittelbar sexuellen Anlässen. Und anders als Tiere kooperiert er mit seiner eigenen Gruppe gegen eine andere Gruppe derselben Spezies. Dies einer vagen Form von Geselligkeit zuzuschreiben, benennt nur etwas, das erst noch erklärt werden muss.

Warum Mitglieder einer Gruppe gegen andere Gruppen kämpfen, wäre vielleicht leichter zu erklären, wenn man zunächst die Frage stellen würde, warum sie nicht gegen die Mitglieder ihrer eigenen Gruppe kämpfen. Die Antwort lautet, dass es ein Tabu gibt, Stammesangehörige zu erschlagen, was kein Instinkt ist, sondern eine kulturelle Errungenschaft. Selbst bei den höchststehenden Tieren finden die sexuellen Kämpfe innerhalb ihrer Gruppe statt; der Affe ist inzestuös und begeht Brudermord. Dagegen heiratet ein Mann vielleicht weder eine Angehörige, noch tötet er einen Verwandten. Deshalb muss er, wenn er weder auf Liebe noch Hass verzichten will, exogam sein, oder er muss, wenn ich diesen Begriff prägen darf, ›exocton‹[16] oder ›fremd-mörderisch‹ sein.

Diese Kulturtheorie bringt uns ein ganzes Stück weiter als jede Evolutionstheorie der Aggression, aber einige Punkte bleiben dennoch unklar. Wie entstehen die Tabus der Endogamie und des Mordes an Angehörigen (endoctony)? Und warum bricht sich der mörderische Impuls in die eine Richtung Bahn, wenn er in der Gegenrichtung verboten ist?

Die menschliche Kultur muss sich, ähnlich wie die menschliche Struktur, in fast unmerklichen Abstufungen aus unseren tierischen Vorläufern herausentwickelt haben; auch wenn es plötzliche Schübe gegeben haben mag, können sie nicht sehr groß gewesen sein. Aber die fehlenden Verbindungsglieder in der Kette der kulturellen Veränderungen sind viel schwieriger herauszufinden als diejenigen in der Morphologie. Freud hat, in Anlehnung an Darwin und Atkinson, eine Psychologie umrissen für das, was etwas vage als Urhorde (›*Primal Horde*‹) bekannt ist. Bis zu einem gewissen Grad sind Freuds Ausführungen durch die Spekulationen seiner Nachfolger, insbesondere von Reik und Roheim, ergänzt worden. Aber trotz all dieser Bemühungen bleiben die dunklen prähistorischen Zeitalter,

16 von κτειυω = töten.

in denen der Mensch sein Gewissen, seine Sublimierungen, Neurosen und Perversionen entwickelte, auf quälende Weise unklar.

Eines dürfte jedoch einigermaßen klar sein, nämlich dass die Kleinkindzeit des Urmenschen (*Primal Man*) – ich werde nicht versuchen, diesen Begriff zu definieren – erheblich länger dauerte als die des höchstentwickelten Affen. Und wahrscheinlich brachte diese verlängerte Kindheitsperiode eine gewisse Disharmonie der sexuellen Entwicklung mit sich. In seiner Kindheit durchlief dieser Urmensch, ähnlich wie unsere Kinder heute, eine Periode, in der er frühreif und gleichzeitig retardiert war.[17] Wenn wir diese Auffassung teilen, könnten wir meines Erachtens schließen, dass er mehr oder weniger dieselbe Art von Elternkomplex hatte, wie wir ihn heute kennen. Dieser Komplex sieht bei jedem Menschen anders aus und unterscheidet sich zweifellos auch von Kultur zu Kultur, und er war, sagen wir mal, in neolithischen Zeiten erst rudimentär ausgeprägt. Aber wenn es ihn überhaupt gab, umfasste er sehr viel mehr als eine vorübergehende Inversion hin zum Vater oder einem männlichen Anführer wie in der Affenhorde. Dazu gehörte auch, durch Projektion und Introjektion, die Entwicklung einer Art spiritueller Eltern oder einer Vielzahl von Eltern – Geister, Götter, Teufel, Imagines, Überichs, wie immer man sie nennen will –, deren Einfluss die Kindheitsperiode weit überdauerte und das Fehlen oder sogar den Tod der realen Eltern überlebte. Darüber hinaus bestand wahrscheinlich damals wie heute eine gewisse Tendenz zur Ambivalenz und Aufspaltung dieser Geister in zwei Typen, gute und böse, geliebte und gehasste, sowie die Tendenz, die guten mit dem eigenen Anführer zu identifizieren, dessen magische Kräfte deshalb insgesamt gutartig waren oder auf der Seite der eigenen Gruppe standen, während die bösen zu den Fremden gehörten, die so zu Feinden voller böser magischer Kräfte wurden.

Diese Dichotomie war vielleicht nicht so ausgeprägt wie heute. Vielleicht waren das Göttliche und das Teuflische noch nicht so klar voneinander getrennt. Trotzdem muss die Identifikation mit einem Elterngeist – oder Über-Ich, um ihm seinen psychoanalytischen Namen zu geben – dem

17 Roheim, G. (1934), The Riddle of the Sphinx. London: Hogarth, S. 246. Siehe auch Marett, J. R. (1935), Race, Sex, and Environment: A Study of Mineral Deficiency in Human Evolution. London, S. 242.

Anführer, oder der Gruppe von Anführern, mehr Sicherheit als in der animalischen Periode verliehen haben, als die Stärke ihrer Waffen noch nicht durch irgendein *mana* oder eine abergläubische Ehrfurcht unterstützt wurde. Die Inversion ihnen gegenüber muss sublimer gewesen sein und länger angehalten haben. Das Leben ihrer Frauen war innerhalb ihres eigenen Clans vergleichsweise sicher. In anderen Worten, Inzest und Elternmord – oder vielleicht sollte ich sagen, Endogamie und das Töten von Angehörigen – müssen bis zu einem gewissen Grad einem Tabu unterlegen haben.

Nun bleibt bei solchen Tabus und Hemmungen ein Fundus an sexuellen und aggressiven Triebimpulsen unbefriedigt, die wohl bei vielerlei Anlässen ausgelebt werden konnten: bei der Jagd, der Eroberung der Umwelt, der Zauberei und in rudimentären Kriegen. Da es wahrscheinlich für einen Mann schwierig war, im eigenen Umfeld eine Frau zu finden, könnte Frauenraub eine der frühesten Quellen für Konflikte zwischen verschiedenen Gruppen gewesen sein. Inwieweit das Ritual der Eheschließung, also die Eroberung einer Frau, ein kulturelles Überbleibsel dieser Jagd auf Frauen ist, mögen Anthropologen entscheiden; aber das Ritual verweist zumindest auf eine Tendenz, der wahrscheinlich früher weniger zurückhaltend nachgegangen wurde. Aber mir kommt es hier vor allem auf die unbewussten Motive an und weniger auf die bewussten. Wenn man von einem Fundus an verdrängter Aggressivität ausgeht, die selten innerhalb einer Gruppe befriedigt werden konnte, und einer Tendenz, Fremde mit Teufeln und bösen Magiern zu identifizieren, könnten eine Vielzahl von Gründen zu Auseinandersetzungen zwischen Gruppen geführt haben.

Den Feind oder Fremden zu töten war ein besonders bedeutungsvoller Akt, da er wahrscheinlich mit den gehassten Aspekten der Imagines der eigenen Stammesangehörigen identifiziert wurde. Wurde er dann auch noch verzehrt, lag das wahrscheinlich weniger daran, dass sein Fleisch so gut schmeckte, sondern eher daran, dass man ihn in diesem Moment vollständig besiegt und sich seine geheimnisvolle Kraft angeeignet hatte.

Die Psychologie des Anführers, der diese frühen Raubzüge leitete, unterschied sich wahrscheinlich von der seiner Anhänger, da diese die guten Aspekte ihrer Imagines auf ihn projizierten und so aus ihm einen guten Zauberer oder Gott machten. Er wiederum introjizierte wahrscheinlich seine Imago, identifizierte sich vielleicht sogar damit. Das heißt, für sein

Empfinden gehörte er einem Gott, vielleicht war er sogar selbst einer. Vielleicht hat er diese manische Disposition durch eine rituelle Inkorporation von seinem Vorgänger übernommen oder er war vielleicht von Natur aus ein manischer Typ. So oder so haben sich seine eigenen Wahnvorstellungen und die seiner Anhänger wechselseitig verstärkt und so die Solidarität in der Gruppe aufrechterhalten.

Aber wenn, wie schon erwähnt, diese Imago noch nicht deutlich in ihre guten und bösen Aspekte aufgespalten war, herrschte in der Gruppe wahrscheinlich noch keine allzu stabile Solidarität. Vielleicht waren Revolten gegen den Vater oder Anführer, ähnlich wie Freud sie in *Totem und Tabu* beschrieben hat, nicht ungewöhnlich. Dennoch ist der fundamentale Unterschied zwischen Tieren und Menschen in dieser Epoche klar: Auf Grund seines Elternkomplexes konnten sich Menschen *unter* einem Anführer oder *gegen* ihn verbünden; sie konnten *loyal* oder *illoyal* sein. Und wenn ein alter Anführer abgesetzt wurde, trat ein neuer bald an seine Stelle, wenn dieser nicht schon, was durchaus wahrscheinlich ist, bereits die Revolte gegen ihn angeführt hatte. Vielleicht erlitt ein Anführer nach dem anderen, wie Freud meint, dasselbe Schicksal wie in späteren Zeiten der Gottkönig: Vielleicht wurde auch er, wenn seine Kräfte nachließen, von seinen Anhängern verzehrt, die damit sowohl ihren unbewussten Hass befriedigten, als auch an seiner magischen Kraft teilhatten.

### *(3) Krieg in primitiven Gesellschaften*

Beim Übergang vom Urmenschen zum primitiven und dann zum heutigen Menschen gelangen wir aus dem Bereich der Spekulationen in einen Bereich nachprüfbarer Fakten. Und deshalb bewege ich mich hier, wie ich zugeben muss, mit größerer Vorsicht. Einige Anthropologen, wie zum Beispiel Sir James Frazer,[18] halten den Krieg unter primitiven Stämmen für endemisch. Andere ermahnen uns, den friedfertigen Wilden zu bewundern. Solche Diskrepanzen sind sicherlich verwirrend und nicht leicht aufzulösen, da die europäischen Behörden wenig Rücksicht auf wissen-

18 Frazer, J. (1927), Man, God and Immortality. Thoughts on Human Progress. Literary Licensing, LLC, 2013.

schaftliche Erwägungen nahmen und in der Regel die Kriegshandlungen unter primitiven Völkern unterbanden, bevor Anthropologen Gelegenheit gehabt hatten, sie zu untersuchen.

Einige primitive Völker scheinen nie gekämpft zu haben. Bei denen, die es tun, oder vielmehr getan haben, gibt es eine Vielzahl mutmaßlicher Motive. Dem Frauenraub, der in meinen Augen möglicherweise ein Ausgangspunkt war, müsste man die Raubzüge der Kannibalen und Kopfjäger hinzufügen, oder auch die Jagd auf andere Trophäen, die Blutrache, die Kämpfe um Landbesitz, Plünderungen oder andere Motive, wie zum Beispiel die Suche nach Schlachtopfern. Einige dieser Motive wirken einigermaßen rational, andere wie die der Kopfjäger nicht.

Am auffallendsten ist aber vielleicht, dass ein sexuelles Motiv – das bei Tieren fast der einzige Grund für Kämpfe innerhalb einer Spezies ist und wahrscheinlich aus diesem oder anderen Gründen auch bei Kriegen unter Menschen eines der frühesten Motive war – anscheinend relativ unwichtig geworden ist. Tatsächlich scheint es den Frauenraub außer in Mythen[19] oder in Form der Jagd auf Sklavinnen nur noch als ein Ritual zu geben.

Zugegebenermaßen gibt es also nicht viel Ähnlichkeit zwischen primitiven Kriegshandlungen und dem zu vermutenden Frauenraub des männlichen Urmenschen. Allerdings spricht einiges für die Annahme, dass, zumindest für das Unbewusste, der Feind mit einem sexuellen Rivalen gleichgesetzt wird. Der Wunsch, Trophäen zu erobern, ist ein fast allgemeingültiges Kennzeichen für Kriege. Und in primitiven Kriegen besteht die Trophäe oft aus einem Phallus oder zumindest einem Phallussymbol. Soweit ich weiß, sammeln einige der somalischen Stämme immer noch Hoden;[20] und andere begehrte Trophäen wie Köpfe, Zähne, Ohren oder Nasen sind, zumindest für einen Freudianer, unmissverständliche Phallussymbole. Mit diesen Objekten geht sowohl in der Liebe als auch im Krieg die gefährliche Macht des besiegten Feindes auf den Sieger über. Mehr noch, die Eroberung einer Trophäe oder das Töten eines Rivalen ist oft eine notwendige Vorbedingung für eine Eheschließung.[21]

19 z. B. der Illias.

20 Die Männer der Mowab in Neuguinea tragen, wenn sie einen großen Krieger erschlagen haben, seinen Penis, um ihre Kraft zu steigern. Hastings Encl. Rel. & Eth.

21 Wo auch ein weibliches Opfer zählt, wurde die ursprüngliche Sitte wahr-

Vielleicht symbolisiert der Feind unbewusst nicht nur einen Rivalen; ihn zu töten scheint manchmal das Äquivalent eines sexuellen Überfalls zu sein. Jedenfalls steht in Träumen – wenn man den Aussagen der Psychoanalyse folgen will – das Töten für einen sexuellen Akt, und in primitiven Kriegsdarstellungen, wie Roheim[22] sie zitiert, ist beides oft identisch. Ein Vergleich zwischen Todesmagie und Liebesmagie, oder zwischen Kriegstänzen und erotischen Tänzen, könnte vielleicht Ähnlichkeiten aufzeigen, die diese Sicht bestätigen.

Aber falls an der psychoanalytischen Theorie etwas stimmt, ist ein Krieg viel mehr als eine verzerrte Version der Kämpfe unter männlichen Rivalen im Tierreich. Er ist, wie wir gesehen haben, das Endprodukt eines psychotischen Prozesses. Anders als ein Tier wird ein Mensch von guten und bösen Geistern verfolgt, in die er in seiner Ambivalenz das erste Bild seiner Eltern aufgespalten hat. Insoweit er dieses Konzept introjiziert hat, befinden sich diese guten und bösen Geister dann in seinem Inneren. Wenn er sich noch stärker mit ihnen identifiziert, gerät er in einen manischen oder Erregungszustand – eine gutartige Erregung, wenn es sich um gute Geister handelt, und eine bösartige, wenn es böse Geister sind – und in seinem Erleben *ist* er dann ein Gott oder ein Teufel. Meistens allerdings beinhaltet eine Introjektion noch keine Identifikation: Er hat dann lediglich das Gefühl, von einem Gott oder einem Teufel *besessen* zu sein. Wenn er von Teufeln besessen und nicht, wie ein Medizinmann, mit ihnen im Bunde ist, wird er depressiv, melancholisch, hypochondrisch oder suizidal sein. Nun leidet, allen Berichten zufolge, der primitive Wilde genauso sehr unter diesen Problemen wie ein noch so zivilisierter Neurotiker, allerdings mit dem Unterschied, dass der Wilde der Wahrheit viel näherkommt, wenn er sich verhext glaubt. Indem er seine Teufel in Steine oder Bäume projiziert, in den Wind, den stürmischen Regen oder das aufgepeitschte Meer, oder indem er sie mit Fremden oder Zauberern identifiziert, kann er seine Melancholie gegen eine scheinbar äußere Gefahr eintauschen. Für den Neu-

scheinlich entwertet. Oder, wenn man von einer unbewussten Identifizierung zwischen Mord und Vergewaltigung ausgeht, könnte die Ermordung einer Frau ein ebenso angemessener Beweis für Männlichkeit sein wie die Ermordung eines symbolischen Rivalen

22 Roheim, G. (1930), Animism, Magic and the Divine King. London: Kegan Paul, Trench u. Trubner & Co., London.

rotiker ist dies ein psychologischer Gewinn, wenn vielleicht auch nicht für die Gesellschaft, zu der er gehört. Mit äußeren Gefahren kann man leichter fertigwerden; die Sturmteufel können besänftigt oder vertrieben und die Fremden können getötet werden. Sie zu töten ist oft, wie ich meine, eine obsessive oder rituelle Handlung, die dem Wilden wegen der magischen Angriffe auf seine unbewussten Quälgeister neurotische Ängste erspart.

Ist der Wilde ein Kannibale, der seine Opfer verzehrt, verwandelt er eine imaginäre Gefahr in eine ebenso imaginäre Quelle innerer Stärke: Er absorbiert ihre magische Kraft. Aber dieser psychologische Vorteil könnte zweischneidig sein. Wenn er nicht vollständig mit den von ihm verzehrten Kriegern identifiziert ist, könnte in seinem Erleben diese innere Macht nicht nur für seine Feinde, sondern auch für ihn gefährlich werden. Anders ausgedrückt gerät der Kannibale in einen Zustand, in dem die introjektiven Mechanismen wieder vorherrschen. Er nimmt dann vielleicht bei Reinigungszeremonien Zuflucht, um die gefährliche Macht wieder loszuwerden, die er absorbiert hatte. Aber wenn er dies tut und dann seine Teufel wieder in die Außenwelt projiziert, fühlt er sich vielleicht bald unter dem Zwang, einen weiteren Fremden zu töten und zu verzehren. Deshalb verläuft der seelische Prozess wahrscheinlich zyklisch: Eine depressive Phase der Introjektion geht in eine paranoische Phase der Projektion über, auf die wiederum eine manische Phase der Identifikation folgt, nach der der Zyklus von Neuem beginnt. Mein Argument basiert lediglich auf der Analogie zwischen den Befunden bei zivilisierten Neurotikern und Psychotikern; inwieweit es auf tatsächliche Kannibalen zutrifft, lässt sich nur durch Feldstudien überprüfen.

Bei Kopfjägern und anderen Trophäensammlern liegen wahrscheinlich ähnliche Mechanismen zugrunde wie bei Kannibalen. Etwas zu verzehren bedeutet, es ganz elementar zu besitzen; und psychologisch gesehen scheint der Wunsch, etwas zu besitzen, aus dem Wunsch hervorzugehen, etwas zu verzehren. Das Kind steckt seine Spielsachen in den Mund und versucht, sie aufzuessen, und im Unbewussten hat die Empfindung, etwas zu besitzen, oft die äquivalente Bedeutung, es verzehrt zu haben. Deshalb lässt sich vermuten, dass ein Kopfjäger glaubt, er habe mit dem Erlangen seiner Trophäe die magischen Kräfte seines Opfers ebenso gut introjiziert, wie wenn er es verzehrt hätte.[23] Wenn er seine Trophäe nicht selbst behält, sondern sie an seinen Häuptling oder Gott weiterreicht, dann wahrscheinlich deshalb, weil es für einen gewöhnlichen Sterblichen zu gefährlich wäre, sie zu besitzen und sie deshalb denen gehören müsste, die stark genug sind, um ihren magischen Kräften zu widerstehen. Selbst wenn ihr Besitz für einen normalen Mann zu gefährlich wäre, so ist sie doch wenigstens eine Quelle der Kraft für die Gemeinschaft, deren Teil er ist.

Dieselbe Art von Mechanismen scheint einem anderen und, wie Frazer meint, dem häufigsten Grund für primitive Kriegshandlungen zugrunde zu liegen, nämlich der Blutrache. Für einen Wilden ist der Tod immer die Folge eines Mordes, eines natürlichen oder übernatürlichen Mordes; und die Toten nehmen an ihren Angehörigen Rache, sollte ihr Tod nicht gebüßt werden. Deshalb halten die Angehörigen des Toten Ausschau nach einem Zauberer, um ihn zu töten. Das könnte, meine ich, damit zu erklären sein, dass sie nie ein vollständig reines Gewissen haben. Ihre eigene böse Magie, ihre eigenen inneren Teufel könnten die Tat verübt haben. Um ihren Selbstvorwürfen und der Rache ihres verblichenen Verwandten zu entgehen, projizieren sie daher ihre inneren Teufel auf einen fremden Zauberer. In der Geschichte von Kwoiam, einem der kultischen Helden in den Torres Straits, ist dieses Motiv nahezu bewusst, wenn er Blutrache für den Tod seiner Mutter verübt, die er selbst getötet hatte (Haddon 1901, S. 143).

Die anderen Motive für primitive Kriegshandlungen, wie die Verteidigung oder Aneignung von Land, Plünderungen, Sklavenraub usw., scheinen rational genug zu sein. Aber ich bin überzeugt, dass ihnen oft einige der von mir beschriebenen irrationalen Motive beigemischt sind. Aber natürlich können die Proportionen der rationalen und der irrationalen Motive sehr unterschiedlich ausfallen.[24]

Wie stark die unbewussten Mechanismen in unterschiedlichen Kulturen variieren und ob sie unausweichlich zu Kriegen führen oder nicht, sind schwierige Fragen. Von einigen primitiven Völkern wird berichtet, sie seien vollkommen friedlich. Vielleicht sind sie von Natur aus weniger aggressiv, oder vielleicht wird Aggression durch ihre Erziehungsmaßnah-

23 Haddon, A. (1901), Head-Hunters. London: Methuen & Co.

24 Die Malaien und die Iban taten sich für Piratenüberfälle zusammen, die Malaien waren auf Plünderungen aus und die Iban auf Schädel (Haddon 1901, S. 326).

men weniger stimuliert. Aber die Möglichkeit bleibt bestehen, dass sie nur deshalb weniger kriegerisch sind, weil sie depressiver sind, das heißt, weil sich ihre Aggression gegen sie selbst richtet. Über die friedfertigen Septchacs (aus Indien) wird berichtet, sie begingen Suizid, wenn sie beleidigt wurden (Dr. Marett, persönliche Mitteilung). Das ist, aus ihrer Sicht, einem Krieg wohl kaum vorzuziehen.

### *(4) Krieg in halbzivilisierten und zivilisierten Gemeinschaften*

Der Übergang von primitiven zu halbzivilisierten oder zivilisierten Kriegen geht mit weiteren Veränderungen einher. Das Kriegsmotiv ist zunehmend entsexualisiert, rationalisiert und moralisiert. Die Methode ist stärker organisiert: Das Töten ist nicht länger eine persönliche Angelegenheit und ist nur noch Sache des Staates; es kommt nicht mehr so häufig vor, ist aber umfassender und dauert länger.

Erstens einmal ist das bewusste sexuelle Motiv vollständig verschwunden – außer bei gelegentlichen Ausbrüchen, wenn eine Armee beispielsweise eine Stadt einnimmt. Aber ein schwaches Echo der archaischeren Ursachen für Rivalitäten klingt noch im Idealismus der Soldaten an, wenn sie glauben, nicht nur für ihren König, sondern auch für ihre Frauen und Töchter und für ihr Land zu kämpfen, sie also glauben, ihr Vaterland (engl. motherland) vor einer Invasion zu bewahren, die metaphorisch als Vergewaltigung beschrieben wird. Darüber hinaus wird der Feind vor allem wegen der ihm zur Last gelegten Gräueltaten an Frauen gehasst. Tatsächlich sind Vergewaltigungen, jedenfalls bei zivilisierten Armeen, selten. Aber im Unbewussten könnte die ganze Symbolik des Eindringens, Angreifens oder Tötens diese Bedeutung haben. Jede Seite beschuldigt die andere, Handlungen zu begehen, die bei ihr selbst verdrängt und nur symbolisch genossen werden.

Zweitens scheinen andere Motive rationaler geworden zu sein. Trophäenjagd und Blutrache haben der Suche nach Kolonien oder Märkten Platz gemacht. Dass das primitivere Motiv der Jagd auf Trophäen[25] noch immer

25 Etwas von der Bedeutung, die früher Zähnen, Testikeln oder Händen zugeschrieben wurde, ist auf Embleme wie beispielweise die Flagge übergegangen.

präsent sein kann, wird am Beispiel eines Mannes deutlich, den Dr. Glover[26] zitiert, der im Niemandsland zwischen den Fronten herumzukriechen pflegte, um möglichst vielen Gefallenen die Zähne herauszubrechen. Und was das vermeintliche Verschwinden der Blutrache betrifft, braucht nur daran erinnert zu werden, dass der Große Krieg[27] mit der Ermordung eines Thronfolgers begann. Auch die rationalen Motive sind nicht so rational, wie sie vorgeben.

Das Streben des zivilisierten Menschen nach Macht, Prestige und Besitz übersteigt bei Weitem das, was er vernünftigerweise für ein angenehmes Leben braucht. Dies ist für die vergleichsweise zufriedenen Inselbewohner der Duau (Neuguinea) ein wirkliches Rätsel, wie Roheim beobachtet hat. Das zugrundeliegende Motiv für dieses Streben ist, wie ich meine, wieder eine ziemlich paranoide Angst. Für den faustischen Europäer stellt die Welt eine ständige Herausforderung dar: Er kann nicht stillhalten, ist ständig auf Eroberungen aus, um nicht in einer Depression zu versinken. Dieser Antrieb nimmt viele Formen an; im imperialistischen Fall führt er in der Regel zu Krieg.

Zu guter Letzt ist der Krieg im Lauf der Zivilisation moralisiert worden. Heutige Nationen unternehmen große Anstrengungen, um sich davon zu überzeugen, dass ihre Kriege gerechtfertigt sind. Dies aber ist nur die Weiterführung eines sehr alten Prozesses. Dahingeschiedene Geister befahlen ihren Angehörigen, ihren Tod zu rächen; und auch wenn es in historischen Zeiten nicht immer die Götter waren, die einen Krieg befahlen, so musste doch zumindest ihr Einverständnis eingeholt werden. Waren die Vorzeichen ungünstig, wurde der Krieg verschoben. In alten Zeiten massakrierten die Juden, denen wir so viele unserer ethischen Ideale verdanken, ihre Feinde auf Befehl Jahwes. Bei Mohammedanern, Katholiken und Protestanten finden sich bekannte Beispiele für Religionskriege; und eine Zeitlang sah es so aus, als habe Russland die Absicht, seinen neuen Glauben mit dem Schwert zu propagieren. Im Großen Krieg hielt Deutschland es für seine Pflicht, seine Kultur zu verbreiten; und es ist noch nicht lange her, dass unser Reden von der Bürde, die die Weißen zu tragen hätten,

26 Glover, Edward (1933), War, Sadism and Pacifism.

27 Anm. d. Übers.: Die Arbeit wurde 1937 verfasst, als der Erste Weltkrieg noch als der Große Krieg bezeichnet wurde.

Akte rechtfertigte, die wir heute verurteilen würden; im Erleben der heutigen Generation ist, zumindest in England, Kämpfen nur zur Selbstverteidigung gerechtfertigt oder im Rahmen von Bündnissystemen wie den Vereinten Nationen. Aber das moralische Element war immer beteiligt und hat lediglich seine Form verändert. Ursprünglich wurde der kriegerische Häuptling mit dem Über-Ich identifiziert und repräsentierte deshalb das Gewissen. Später wurde diese Rolle teilweise vom Geist eines erschlagenen Verwandten übernommen, dann von Göttern und später vom Staat, der als ein Vater oder eine Mutter personifiziert wurde, und schließlich durch ein abstraktes Ideal.

Dass derartige Veränderungen, für sich genommen, viel Einfluss auf die Häufigkeit von Kriegen haben, erscheint eher zweifelhaft. Selbst wenn ein Krieg überall nur als Selbstverteidigung gerechtfertigt würde, könnte er immer noch weitergeführt werden. Denn Nationen betrachten einander paranoisch, jede sieht in den Verteidigungsmaßnahmen ihrer Nachbarn vor allem eine Bestätigung ihrer eigenen Befürchtungen. Und wenn eine Nation sich erst einmal einredet, sie könnte angegriffen werden, fühlt sie sich berechtigt, jede ihr passend erscheinende Gelegenheit zu ergreifen, um sich zu wehren.

## III. Zusammenfassung

Ich möchte zusammenfassen, was in meinen Augen die wichtigsten Merkmale bei der Entstehung eines Krieges sind: Höherentwickelte Tiere sind aus einer Vielzahl von Gründen aggressiv, greifen aber selten ihre eigene Spezies an, außer wenn es um sexuelle Eifersucht geht. Sie kooperieren weder unter einem Anführer noch gegen ihn. Der Mensch unterscheidet sich vom Tier durch sein Gewissen; das heißt, er bildet eine Idealvorstellung seiner Eltern, welche die Kindheitsperiode überlebt und ihn später daran hindert, seinen Triebimpulsen freien Lauf zu lassen. Insbesondere sind seine sexuellen und aggressiven Impulse durch das Inzesttabu und das Tabu des Elternmordes gehemmt, oder umfassender noch durch die Tabus der Endogamie und des Ermordens von Angehörigen. Die verdrängten sexuellen Impulse kehren in unterschiedlicher Form wieder. Eine davon ist Homosexualität. Wenn auch diese verdrängt ist, lässt sie, in Verbindung mit der verdrängten Aggression, gegenüber anderen Männern zwei unterschiedliche Einstellungen entstehen. In Verbindung mit einem gewissen Maß invertierter Aggression nimmt sie einerseits die Form einer opferwilligen Hingabe an. Dies ist die übliche und durch Tabus geschützte Einstellung gegenüber der eigenen Gruppe und insbesondere ihrem Anführer, der mit den guten Aspekten der elterlichen Imago identifiziert wird. Andererseits entsteht aus unbewusster Homosexualität in Verbindung mit direkter Aggression ein Tötungswunsch. Diese Haltung gilt gegenüber Fremden, die nicht durch Tabus geschützt sind, welche die Aggression hemmen, und die mit den bösen Aspekten der elterlichen Imago identifiziert werden.

Darüber hinaus ist diese Einstellung paranoisch, insofern sie aus einem verzerrten Bild des Fremden hervorgeht, in dem jetzt die eigene verdrängte Aggression untergebracht ist. Er gilt deshalb als ganz und gar böse und ist frei von den freundlichen Gefühlen, die den eigenen Nachbarn kennzeichnen. Da aber die Einstellung des Fremden gegenüber der jeweils anderen Gruppe ebenfalls paranoisch ist, lässt jede dieser Wahnvorstellungen die der anderen wahr werden.

Dies ist in groben Umrissen eine psychoanalytische Darstellung der kriegerischen Disposition des Menschen. Es gibt zahllose Auslöser für tatsächliche Kriege und sie variieren mit dem Grad der Zivilisation. Aber die unbewussten Faktoren, die diese Disposition entstehen lassen, unterscheiden sich auch bei höchst kultivierten Völkern wenig von denen früherer Zeiten. Neu allerdings ist eine bewusste und weit verbreitete, wenn auch nicht universelle Verabscheuung des Krieges. Ob es dieser bewussten Einstellung gelingen wird, die unbewussten Faktoren unter Kontrolle zu behalten, kann nur die Zukunft weisen.

## Nachtrag

Diese bewusste Aversion gegen Kriege ist das Ergebnis von restitutiven Mechanismen, die ich, wie ich bei der Durchsicht der Druckfahnen feststellte, vernachlässigt habe. Die unbewusste Angst, in der Kindheit unsere guten Objekte zerstört oder beschädigt zu haben, lässt das große Bedürfnis nach Wiedergutmachung entstehen, aus dem heraus viel konstruktive und insbesondere pazifistische Arbeit geleistet wird. Wenn aber innere Konflikte oder äußere Ereignisse, oder eine Kombination aus beidem, uns von der Vergeblichkeit unseres Wunsches nach Frieden überzeugen, neigen wir dazu, uns gegen Selbstbeschuldigungen zu wehren, und glauben dann, unsere guten Objekte seien verletzt, und zwar nicht durch uns, sondern durch bestimmte böse Objekte, auf die wir unsere Aggression projiziert haben. Sie sind dann in der Person der tatsächlichen oder vermeintlichen Friedensgegner das Ziel unserer Angriffe – die Rüstungsindustrie, Kapitalisten, Bolschewiken, Autokraten oder fremde Nationen. Von diesem Standpunkt aus betrachtet ist der Frieden samt seiner konstruktiven Arbeit der Normalzustand; der Krieg ist dann mit seinem plötzlichen Ausbruch an Destruktivität ein anomales Zwischenspiel, weil restitutive Funktionen weitgehend zusammengebrochen sind. Wenn durch eine Analyse oder auch durch eine andere Methode unsere unbewussten Schuldgefühle, also die Angst, unsere guten Objekte verletzt oder zerstört zu haben, verringert werden, werden wir mehr Zutrauen in unsere restitutiven Fähigkeiten haben, und insbesondere unser Pazifismus wäre dann rationaler und stabiler.

*Aus dem Englischen übersetzt von Antje Vaihinger*

# Einführung zu Kapitel 3

Die folgende Arbeit wurde unmittelbar vor dem Ausbruch des Zweiten Weltkrieges im August 1939 verfasst und sollte ursprünglich zusammen mit Vorträgen von Adrian Stephen und Ronald Hargreaves zum gleichen Thema publiziert werden. Dieser Plan musste aufgrund der einsetzenden Kriegsereignisse fallenglassen werden, so dass der Artikel mit einigen 1940 hinzugefügten Überarbeitungen 1941/1942 im *British Journal of Medical Psychology* erschien.

Roger Money-Kyrle untersucht darin die psychischen Mechanismen, die der faschistischen Propaganda zugrundeliegen und entsprechend disponierte Individuen für sie empfänglich machen. Ausgangspunkt seiner Beobachtungen sind die Reden Goebbels und Hitlers, denen er 1932, kurz vor Hitlers Machtergreifung, beiwohnen konnte. Ein befreundeter Diplomat der Britischen Botschaft, Arthur Yencken, hatte ihm diese Möglichkeit vermittelt. Yencken, ein Australier im britischen diplomatischen Dienst, wurde während seiner Tätigkeit in Berlin (1928–1932) zum Ersten Sekretär ernannt. Ab 1940 war er bevollmächtigter Minister an der Botschaft in Madrid und verstarb im Mai 1944 in Spanien bei einem Flugzeugabsturz.[1]

Wir wissen bislang nichts Näheres über den Hintergrund von Roger Money-Kyrles Deutschlandaufenthalt. Sicherlich war die Stimmung durch die vorausgegangene wirtschaftliche Krise und den Aufstieg der nationalsozialistischen Partei aufgeheizt. Im September 1932 fand in Wiesbaden die für lange Zeit letzte Tagung der Internationalen Psychoanalytischen Vereinigung auf deutschem Boden statt.

In seiner Arbeit beschreibt Money-Kyrle die Sequenz der Reden Goebbels und Hitlers als einen »Bolero«, der die Masse – vergleichbar mit einem »pleistozänischen Monster«, das sein Denkvermögen und seine Urteilskraft aufgegeben hat und nur noch von einigen wenigen, gewaltsamen Leidenschaften beherrscht wird – in Ekstase versetzt. Das ›Mons-

1 Quelle: *wikibrief* Arthur Ferdinand Yencken.

ter‹ wird zunächst dazu eingeladen, in Selbstmitleid über den elenden Zustand zu versinken, in den Deutschland geraten war. Dann werden die äußeren und inneren Feinde (Juden, Sozialdemokraten) benannt, die an diesem Zustand die Schuld tragen. Jetzt wird der Hass auf diese ›Feinde‹ geschürt und der Aufstieg der nationalsozialistischen Partei geschildert. Das ›Monster‹ wird sich seiner Größe bewusst und durch den Glauben an seine Allmacht vergiftet. Als nächstes erfolgte der Aufruf an alle Deutschen, sich zu vereinen. Das ›Monster‹ wird auf eine fast masochistische Weise sentimental. Und nach einem kurzen, todesähnlichen Schweigen erfolgte der pathetische Aufruf, Deutschland müsse leben, selbst wenn viele dafür sterben müssten. Und auf ein Wort des Führers hin war man bereit, dieses ultimative Opfer zu erbringen.

Die Beschreibung dieser Sequenz enthält im Kern Money-Kyrles Theorie der Propaganda: In einem ersten Schritt erfolgt eine paranoide Abwehr depressiver Gefühle – für das innere Elend werden äußere Feinde verantwortlich gemacht. In einer zweiten Phase wird der Hass auf diese Feinde geschürt und durch manische Erregung die Hilflosigkeit in Allmacht verwandelt. Um den mörderischen Hass zu rechtfertigen, müssen jedoch normale Gewissensfunktionen ausgeschaltet werden: Die Vernichtung der Feinde wird gewissermaßen zur moralischen Pflicht. Es ist diese Usurpation des Über-Ich durch ein megalomanes Ich, das Money-Kyrle bis hin zu seiner Arbeit *Megalomania* (Money-Kyrle 1965) immer wieder beschäftigen wird. Und zum ersten Mal benennt er im vorliegenden Aufsatz auch die Persönlichkeitsmerkmale, die das Individuum für diese Art von Propaganda empfänglich machen, als *borderline-psychotic*. Diese auf Projektion, Spaltung und manische Allmacht beruhende Verdrehung der Wahrnehmung der inneren und äußeren Wirklichkeit unterscheidet sich von der klassischen ›autoritären Persönlichkeit‹. Sie ist toxischer, manipulativer und gefährlicher, worauf er in seiner Untersuchung *State and Character in Germany* (Money-Kyrle 1951a; Kap. 5 im vorliegenden Band) noch zurückkommen wird.

Es ist frappierend und zugleich erschreckend, dass die von Money-Kyrle beschriebenen Mechanismen auch in der Gegenwart eine zentrale Rolle spielen: Ein unsichtbarer innerer Feind – wie z. B. das Coronavirus – wird nach außen projiziert; und jetzt sind es die äußeren Feinde, die uns damit infiziert haben, uns Chips einpflanzen, unsere Identität (den Bauplan unserer DNS) verändern und uns unbegrenzt überwachen wollen. Gegen solche Feinde vorzugehen, sie zu hassen und anzugreifen, ist nicht nur gerechtfertigt, sondern sogar moralische Pflicht, und zwar um die »Freiheit« und die »Bürgerrechte« zu schützen. Money-Kyrle war einer der ersten, der diese Perversion des Über-Ich im Detail beschrieben hat und aufgezeigt hat, warum die ›Masse‹ dafür so empfänglich ist.

In seinem Artikel geht Roger Money Kyrle ausführlich auf die verschiedenen Phasen der durch die Propaganda induzierten Psychose ein, die depressiv-paranoide, die manisch-erregte Phase und schließlich die Sehnsucht nach einem paradiesischen Zustand, in dem alle Ungerechtigkeit und Verschiedenheit unter der Herrschaft eines charismatischen Führers aufgehoben sind. Er weist auf die bedrohlichen Entwicklungen hin, die dem Ausbruch des Krieges unmittelbar vorausgingen. Darüber hinaus betont er die Rolle der Medien, durch die die Propaganda verbreitet wird, sowie die regressiven Prozesse, die vor allem in Gruppen stattfinden.

*Heinz Weiß*

## Literatur

Money-Kyrle, R. (1965), Megalomania. *Collected Papers*, 376–388; dt.: Größenwahn (in Bd. 2 der *Ausgewählten Schriften*).

Money-Kyrle, R. (1951a), Some Aspects of State and Character in Germany. *Collected Papers*, S. 229–244; dt.: Anmerkungen zu Staat und Charakter in Deutschland; dt.: Jahrb. Psychoanal. 64, 135–152 (und in diesem Band).

# Kapitel 3

# Die Psychologie der Propaganda[1/2]

## 1. Einleitung

Propaganda war schon immer das Mittel, mit dem politische oder religiöse Organisationen ihren Willen durchzusetzen versuchten; jedoch waren ihre Reichweite und Verbreitung in der Vergangenheit begrenzt und vergleichsweise langsam. Die Reichweite – zunächst nur so weit, wie die Stimme des Redners trug – vergrößerte sich erst allmählich durch das Versenden von Rundschreiben wie beispielsweise die Paulusbriefe und dann durch die Erfindung und allmähliche Verbreitung des Buchdrucks. Aber in den letzten Jahren ist die Zahl der Zuhörer oder Leser durch das Aufkommen preiswerter Zeitungen, des Kinos und vor allem des Radios plötzlich von einigen Hundert auf viele Millionen angestiegen. Die Reichweite der Propaganda umfasst jetzt die ganze Welt, und niemand kann sich ihrem Einfluss entziehen, wenn er nicht gerade auf einer verlassenen Insel lebt. Aus diesem Grund hat die Psychologie der Propaganda oder, was vielleicht auf dasselbe hinausläuft, die Psychologie der Massensuggestion, plötzlich eine enorme praktische Bedeutung bekommen.

Wäre der Mensch ganz und gar rational und nur durch eine auf Wahrheit – auf nichts als der Wahrheit – beruhende Propaganda zu beeinflussen, gäbe es kein Problem. Aber leider werden seine Überzeugungen und

1 *Brit. Journ. Med. Psych.*, Vol. XIX, 1941–42.

2 Ursprünglich sollte diese Arbeit zu einer Reihe von drei Vorträgen zur Psychologie der Propaganda gehören, die Dr. Adrian Stephen, Dr. Hargreaves und ich halten sollten, die aber dann wegen des Krieges abgesagt wurde. Der größere Teil meines Vortrags wurde in den zwei Monaten unmittelbar vor Kriegsbeginn verfasst und nur geringfügig korrigiert. Ein oder zwei Abschnitte wurden später hinzugefügt, worauf in den Fußnoten hingewiesen wird; leider hat mich aber der seit Kriegsbeginn herrschende Arbeitsdruck daran gehindert, eine vollständige Revision vorzunehmen oder meine Beispiele zu aktualisieren.

Gefühle keineswegs nur durch klare Beweise und Urteile bestimmt. Der Mensch war immer ein gläubiges Tier, das sehr leicht durch rhetorische Künste zu überzeugen und aufzuhetzen ist. Manchmal kann er geradezu hypnotisiert werden und glaubt dann alles, was mit einer gewissen Autorität und mit Nachdruck vertreten wird. Und uns stellt sich die Frage, warum das so ist.

Den Menschen suggestibel zu nennen, wie es manche Psychologen gerne getan haben, benennt lediglich die Eigenschaft, die wir zu erklären versuchen. Wir wollen herausfinden, warum manche Menschen mehr als andere für Propaganda empfänglich sind und warum das Ausmaß ihrer Suggestibilität sowohl von ihrer Beziehung zu dem Propagandisten als auch zur Art seiner Propaganda abhängt.

## II. Unterschiede in der allgemeinen Empfänglichkeit für Propaganda

Zunächst geht es wohl um individuelle Unterschiede in der allgemeinen Suggestibilität. Vorausgesetzt, alle anderen Aspekte sind gleich, sind gebildete Menschen offensichtlich weniger leicht durch Propaganda zu beeinflussen als weniger gebildete – sie verfügen über ein größeres Wissen, anhand dessen sie einschätzen können, was ihnen erzählt wird. Davon abgesehen scheint einer der Hauptfaktoren aber die Einstellung zu Autorität zu sein. Der unabhängige Typus, der nur ein geringes Bedürfnis nach einer Autorität außerhalb seiner eigenen Person verspürt, ist generell weniger suggestibel als der abhängige Typus, der die Unterstützung durch eine Autorität braucht sowie das Gefühl der Sicherheit, das die Zugehörigkeit zu einer bestimmten Gruppe mit sich bringt.

Auf den ersten Blick scheinen solche Charaktereigenschaften angeboren zu sein. Sicherlich unterliegen sie in der Zeitspanne zwischen Kindheit und hohem Alter keinen großen Veränderungen. Ein sehr abhängiges Kind wird zum Beispiel dieser Beeinträchtigung nur selten entwachsen. Später als Erwachsener in ein verantwortungsvolles Amt gedrängt, wird dieser

Mensch wahrscheinlich von seinen Untergebenen abhängig sein oder sich minderwertig fühlen und nicht in der Lage sein, ein ihm bis dahin fremdes Selbstvertrauen oder Unabhängigkeit zu entwickeln. Aber trotz ihrer scheinbaren Unveränderbarkeit weiß man mittlerweile, dass Abhängigkeit und Unabhängigkeit einer Persönlichkeit nicht so sehr angeborene Eigenschaften sind, sondern das Ergebnis sehr früher Erfahrungen.

Jeder Mensch ist zu Beginn seines Lebens ein abhängiges Individuum oder, anders ausgedrückt, als Kind abhängig von seinen Eltern. Manche Menschen wachsen heran und werden unabhängig, während andere, psychologisch gesehen, ihr Leben lang Kinder bleiben, die immer von – menschlichen oder göttlichen – Substituten ihrer Eltern abhängig bleiben. Ihre Entwicklung ist zum Stillstand gekommen.

Im Verlauf einer normalen Entwicklung (normal im medizinischen Sinn, nicht im statistischen) imitiert und absorbiert das Kind letztlich die Eigenschaften der Menschen in seiner Umgebung, die es besonders bewundert. Auf diese Weise bewundert und übernimmt zum Beispiel der Junge zunächst nach und nach den Charakter seines Vaters und später den Charakter der verschiedenen Vaterfiguren, die ihm in der Schule begegnen. Auf diese Weise kann das Kind einen unabhängigen Charakter entwickeln, psychisch also eher zu einem Vater, einer Mutter heranwachsen und aufhören, ein Kind zu sein.

Aber diese Form einer glatt verlaufenden Entwicklung ist leicht zu beeinträchtigen. Wenn zum Beispiel der Vater ein Trinker ist, der die Mutter des Jungen und ihn selbst misshandelt, ist der Sohn wahrscheinlich nicht in der Lage, dessen Charakter zu übernehmen, weil er damit sein wichtigstes Liebesobjekt in Gefahr brächte. Ohne ein Modell, an dem er sich orientieren kann, wird es ihm nicht gelingen, erwachsen zu werden; stattdessen wird er psychisch ein eingeschüchterter, aber insgeheim rebellischer Sohn bleiben.

All dies lässt sich leicht und ganz ohne psychoanalytische Technik im Alltag beobachten. Was aber ohne Analyse nicht zu entdecken wäre, ist, dass selbst der vorbildlichste Vater in den Augen seines kleinen Sohnes ein brutales und sadistisches Wesen sein kann. Dieses frühe Bild wird natürlich bald vergessen und durch ein Bild ersetzt, das die tatsächlichen Tugenden des Vaters wahrscheinlich erheblich überhöht. Aber das alte Bild lebt im unbewussten Gedächtnis weiter. Mehr noch, es wird ›inkorporiert‹, d. h. es bleibt unbewusst in dem kleinen Jungen lebendig – wie ein Dämon, der von seinem Körper Besitz ergriffen hat; die fast universell anzutreffende Glaubensvorstellung, von bösen Geistern besessen zu sein, ist im Grunde nichts anderes als eine bestenfalls geringfügig verzerrte Version dieser unbewussten Überzeugung.

Nun ist es für das Kind, das ein falsches unbewusstes Bild eines bösen Vaters in sich hat, mindestens genauso schwierig, wenn nicht sogar noch schwieriger, diese Art von Charakter zu absorbieren, als wenn es tatsächlich einen bösen Vater hätte.[3] Dieses Bild wird ihn deshalb ein Leben lang, unabhängig von seiner sonstigen Persönlichkeit, als ein böser Geist und unbewusster Verfolger begleiten. Für seinen Seelenfrieden wird es deshalb unabdingbar sein, diese Figur zu verleugnen und sie durch freundlichere Mentoren zu ersetzen. Sogar eine tatsächliche Tyrannei wäre dann dieser inneren Verfolgung vorzuziehen. Es wird ihn glücklich machen, einer Autorität zu gehorchen und sich als Mitglied einer disziplinierten und mächtigen Gruppe sicher zu fühlen. Indem er sich mit ihr und ihrem Anführer identifiziert, könnte er sich in einer Weise potent fühlen, die ihm als Individuum versagt bleibt. Aber seinen Seelenfrieden erlangt er dann nur, indem er sein unabhängiges Urteilsvermögen opfert. Er wird ein Ja-Sager werden, der unkritisch die Ansichten seiner eigenen Gruppe übernimmt und eine leichte Beute ihrer Propaganda wird.

## III. Die Suggestibilität hängt auch von der Quelle der Propaganda ab

Wie empfänglich jemand für Propaganda ist, hängt also davon ab, wie weit er in der Lage war, sich zu einem unabhängigen Charakter zu entwickeln, und dies wiederum hängt davon ab, inwieweit sich seine Charakterbildung

3 [1977: Selbst ein wirklich böser Vater verdankt sein Bild weitgehend dem in ihn projizierten ›bösen‹ sadistischen Selbst des Kindes. Auch das kann internalisiert werden.]

am Charakter seines Vaters orientieren konnte, wobei nicht gemeint ist, wie dieser tatsächlich war, sondern welches Bild er in seiner frühen Kindheit von ihm hatte und unbewusst immer noch hat. Aber offensichtlich hängt die Empfänglichkeit für Propaganda auch von deren Quelle ab.

Noch vor einigen Jahrzehnten, als es für den durchschnittlichen Arbeiter noch so etwas wie eine besondere Errungenschaft war, lesen zu können, zeigte sich bei weniger gebildeten Menschen oft, dass sie zwar allem, was ihre Nachbarn ihnen erzählten, mit großer Skepsis begegneten, aber alles, was sie gedruckt sahen, erstaunlich glaubhaft fanden. »Es muss wahr sein, ich habe es gelesen«, sagten sie, denn alles Geschriebene besaß immer noch eine magische Autorität. Heute aber sind wir, selbst wenn wir nicht besonders kritisch sind, zumindest selektiv geworden. Wir sind einerseits sehr bereit, alles zu glauben, was in den Zeitungen unserer eigenen Partei oder Nation steht, und andererseits höchst misstrauisch, wenn es um die Zeitungen unserer politischen oder nationalen Gegner geht. Wenn die Zeitungen der Achsenmächte schreiben, dass die Franzosen in Tunesien die Italiener verfolgen, neigen wir dazu, solche Behauptungen fast genauso automatisch zurückzuweisen, wie sie von den Italienern und Deutschen anscheinend geglaubt werden. Oder wenn *The Times* schreibt, dass unsere Außenpolitik immer sowohl weise als auch ehrenhaft gewesen sei, machen sich die Deutschen sehr zum Missfallen der eher loyalen Unterstützer unserer Regierung über unsere Heuchelei lustig. Nicht nur stimmen wir mit der Gegenseite nicht überein – das wäre wohl kaum irrational –, sondern wir gestehen ihr noch nicht einmal zu, selbst an das zu glauben, was sie behauptet. Das heißt, Suggestibilität und Gegen-Suggestibilität sind keineswegs unvereinbare Eigenschaften. Entweder haben wir weder die eine noch die andere Eigenschaft oder beide gleichzeitig. Wenn wir für die Behauptungen der einen Autorität suggestibel sind, sind wir es nicht für die ihres Gegenspielers.

Da Leichtgläubigkeit und Misstrauen so oft miteinander kombiniert sind, haben sie wahrscheinlich dieselbe Ursache. Wie wir wissen, braucht der abhängige suggestible Typus Unterstützung, weil er mit sich nicht im Reinen ist. Er sucht Schutz gegen einen inneren Feind, ganz ähnlich, wie vielleicht im Mittelalter ein Übeltäter den Schutz seines Königs, selbst eines tyrannischen Königs, gegen den lokalen Baron suchte. Der Unterschied ist nur, dass der Übeltäter seinen Baron nur zu gut kannte, während der abhängige Typus in der Regel seinen inneren Feind nicht bewusst kennt. Hätte er im Mittelalter gelebt, hätte er vielleicht Angst gehabt, vom Teufel besessen zu sein; aber selbst dann hätte er wohl kaum zugegeben, dass der Teufel seiner unbewussten Phantasie bereits in ihm steckte. In Alpträumen, oder wenn er zum Beispiel im Dunkeln alleine ist, wird ihm vielleicht etwas von seinem unbewussten Verfolgungsgefühl für einen Moment bewusst, aber meistens wird er es erfolgreich verleugnen. Die Verleugnung ist allerdings selten absolut. Der innere Feind scheint in der Außenwelt erneut aufzutauchen; technisch formuliert wird er projiziert.

Dieser Mechanismus der Projektion, mit dessen Hilfe der innere Feind sozusagen in die Außenwelt verbannt wird, spielt in der Psychologie eine wichtige Rolle. Er ist die wichtigste Ursache für die wahnhaften Verfolgungsideen in der Paranoia. Der Paranoiker ist hochgradig misstrauisch; in fast allem, was ihm widerfährt, sieht er die verborgene Hand irgendeines Feindes, und selbst eine freundlich gemeinte Geste ist in seinen Augen Teil eines gegen ihn gerichteten Komplotts, das ihn zerstören will. Aber diese Symptome beschränken sich keineswegs auf offensichtlich Wahnkranke. Die meisten Menschen könnten diese Symptome produzieren, wenn sie erheblich unter Stress geraten. Im mittelalterlichen Europa war eine paranoide Form der Hexenverfolgung endemisch; und während des letzten Krieges entwickelte sich in diesem Land eine Spionage-Manie, die fast wahnhafte Züge hatte: Jeder, der auch nur das Geringste mit Deutschland zu tun hatte, konnte sicher sein, Verdacht zu erregen. Selbst in Friedenszeiten gibt es viele ansonsten geistig gesunde Menschen, die alle Übel dieser Welt irgendeiner bösen und mysteriösen Quelle zuschreiben, die sie – entsprechend ihrer religiösen oder politischen Vorurteile – als Jesuiten, Juden, Bolschewiken, Kapitalisten oder die Deutschen identifizieren. Und ganz ähnlich ist für viele Deutsche Großbritannien der heuchlerische und verschlagene Feind, der unaufhörlich ihre Zerstörung plant.

Wir beginnen zu erkennen, warum übermäßige Leichtgläubigkeit und übermäßiges Misstrauen, oder Suggestibilität und Gegen-Suggestibilität, so oft Hand in Hand gehen. Derselbe innere Konflikt, der jemanden dazu bringt, Führerschaft bei anderen zu suchen und ihr dann blindlings zu vertrauen, statt diese notwendige Unterstützung aufzugeben, treibt ihn auch dazu, seine inneren Feinde auf äußere Feinde zu projizieren, die er dann hassen kann und denen er dann zwangsläufig misstraut.

Wenn zwei Gruppen einander in dieser Weise paranoid begegnen, wird es fast unmöglich, falsches von berechtigtem Misstrauen zu unterscheiden, da auf jeder Seite falsche Verdächtigungen bald darauf bei der Gegenseite Gegenmaßnahmen hervorrufen und sich auf diese Weise selbst rechtfertigen. Die Deutschen glauben, was Dr. Goebbels ihnen erzählt, wenn er sagt, wir planten ihre Zerstörung, aber sie glauben uns nicht, wenn wir sagen, wir planten bestenfalls, uns selbst zu schützen. Umgekehrt neigen wir zu der Annahme, dass Hitler vorhabe, uns zu zerstören und die Welt zu beherrschen. Trifft dieses Bild zu?

## IV. Suggestibilität, die von der Art der Propaganda abhängt

Bis jetzt haben wir zwei Determinanten untersucht, von denen die Empfänglichkeit für Propaganda abhängt: den Charakter des Empfängers der Propaganda sowie seine Beziehung zum Betreiber der Propaganda. Wir müssen uns jetzt einer dritten Determinante zuwenden, die vielleicht die wichtigste ist: Von welcher Art ist die Propaganda?

Ganz offensichtlich sind einige Menschen für bestimmte Themen empfänglicher als für andere. Ihre Leichtgläubigkeit ist selektiv und wird durch ihre unbewussten Phantasien bestimmt. Sie tendieren dazu, etwas zurückzuweisen, das ihren unbewussten Präkonzeptionen nicht entspricht, und etwas zu akzeptieren, das zu diesen passt. Dass dem so ist, lässt sich am besten anhand der Analyse einiger Beispiele einer erfolgreichen Propaganda beweisen.

Ich erinnere mich, wie beeindruckt ich war, als ich einer Rede Hitlers kurz vor der Machtergreifung zuhörte. Goebbels sprach vor ihm, und beide Redner sagten dieselben Dinge in derselben Reihenfolge. Die Zuhörer waren durch die Wiederholung nicht gelangweilt. Vielmehr schien diese Wiederholung, ähnlich wie in Ravels *Bolero*, die emotionale Wirkung nur noch zu steigern.

Es war für mich als Zuhörer nicht leicht, mein inneres Gleichgewicht beizubehalten: Wenn man sich nicht mit der Menge identifizieren und ihre intensiven Emotionen nicht teilen konnte, erlebte man sie fast zwangsläufig als ein unheimliches und ziemlich furchteinflößendes Super-Individuum. Zumindest auf mich wirkten die Reden nicht besonders eindrucksvoll. Aber der Eindruck, den die Menge auf mich machte, war unvergesslich. Die Leute schienen nach und nach ihre Individualität zu verlieren und zu einem nicht sonderlich intelligenten, aber außerordentlich mächtigen Monster zu verschmelzen, das nicht ganz bei Sinnen war und deshalb zu allem fähig. Mehr noch, es war ein urtümliches Monster, irgendein Wesen aus dem Pleistozän, das über kein Urteilsvermögen verfügte und nur über einige wenige, aber sehr gewaltsame und leidenschaftliche Gefühle. Aber es hatte auch etwas Mechanisches an sich, da es vollständig der Kontrolle der Figur auf der Rednertribüne unterlag. Der Redner konnte die Leidenschaften des Monsters ebenso leicht wecken oder verändern, als spiele er auf irgendeiner riesenhaften Orgel.

Die Melodie war sehr laut und sehr einfach. Soweit ich herausfinden konnte, gab es nur drei oder vier Töne; und beide Redner oder Organisten spielten sie in derselben Reihenfolge. Zehn Minuten lang hörten wir, wie sehr Deutschland in den dreizehn oder vierzehn Jahren seit dem Krieg gelitten hatte. Das Monster schien in einer Orgie des Selbstmitleids zu schwelgen. In den nächsten zehn Minuten erklangen die fürchterlichsten Drohungen gegen Juden und Sozialdemokraten, die einzig und allein an diesen Leiden schuld waren. Aus dem Selbstmitleid wurde Hass, und das Monster schien kurz davor, in einen Mordrausch zu verfallen. Aber der Ton änderte sich noch einmal. Dieses Mal hörten wir zehn Minuten lang, wie die Nazi-Partei gewachsen war, wie sie aus kleinen Anfängen zu einer überwältigenden Macht geworden war. Das Monster wurde sich seiner Größe bewusst und berauschte sich an dem Glauben an seine Allmacht.

Bis zu diesem Punkt unterschieden sich die Reden von Goebbels und Hitler kaum. Beide spielten mit wenigen Variationen dieselbe Melodie. Aber Hitlers Rede schloss mit einem Appell, der bei Goebbels gefehlt hatte. Es war ein leidenschaftlicher Appell an alle Deutschen, sich zusammenzuschließen. Das Monster wurde sentimental und viel menschlicher als zuvor. Aber diese Sentimentalität mündete in einen fast masochistischen

Ton. Hitler beendete seine Rede, und in der Totenstille danach brüllte der Kommandeur der in Uniform angetretenen Nazis eine Art von Amen: »Deutschland muss leben, und wenn wir sterben müssen.« Niemand fragte, wer Deutschland bedrohte und warum dieses äußerste Opfer notwendig sein sollte. Das schien überhaupt keine Frage zu sein. Auf ein einziges Wort seines Führers war das Monster bereit, sogar begierig, sich selbst zum Opfer zu bringen.

Als Propaganda waren diese Reden ein enormer Erfolg. Wenn unsere Annahmen zutreffen, müssen sie also etwas angesprochen haben, das im Unbewussten bereitlag. Jedem dieser aufeinanderfolgenden Themen muss eine schon vorhandene unbewusste Phantasie entsprochen haben.

Das erste dieser Themen waren die Leiden Deutschlands. Nun trifft es sicher zu, dass Deutschland gelitten hatte. Es war gedemütigt worden; der Währungsverfall hatte die Ersparnisse der Bevölkerung entwertet, und das Land befand sich in einer beispiellos tiefen Wirtschaftsdepression. Mit diesen Aspekten lässt sich ganz sicher der erste Teil der Reaktion der Zuhörer erklären, ohne unbewusste Faktoren heranziehen zu müssen. Aber wenn wir uns ins Gedächtnis rufen, wie leicht ein geschickter Agitator beispielsweise in einer Fabrik unter Menschen, die bis dahin mit ihrem Leben ganz zufrieden waren, ein brennendes Gefühl des Grolls hervorrufen kann, wird uns klar, dass es etwas in uns geben muss, das uns besonders empfänglich macht, wenn uns suggeriert wird, wir seien schlecht behandelt worden. Das Unbewusste fühlt sich in der Tat oft schlecht behandelt, da die meisten Menschen, auch wenn sie das zu leugnen versuchen, einen imaginären Feind in sich tragen. Aus diesem Grund sind sie oft schnell bereit, sich über etwas zu beschweren, das von außen kommt. Manche Menschen gehen sogar so weit, andere zu provozieren, um dieses Gefühl eines inneren Konflikts zu übertönen; sie befinden sich an der Grenze zu einer Psychose. Aber der Durchschnittsmensch lebt irgendwo zwischen den beiden Extremen völliger geistiger Gesundheit und Verrücktheit. Er lässt sich nicht so leicht durch Propaganda dazu bringen, völlig imaginäre Klagen zu übernehmen, aber er ist sehr bereit, jedwede reale Beschwerde aufzubauschen. Zum Zeitpunkt der Rede, die ich beschrieben habe, hatten sich die Verhältnisse bereits etwas gebessert. Aber unter dem Einfluss der Propaganda wurde den Menschen ihr Leiden noch sehr viel deutlicher bewusst als zuvor. Auf diese Weise wurden die unbewussten imaginären Leiden wachgerufen und verstärkten so die bewussten tatsächlichen Leiden.

In einem nächsten Schritt wurde auf die Verursacher dieser Leiden hingewiesen. In der Realität war die von den USA ausgegangene große Wirtschaftskrise der Hauptfeind. Aber das Konzept einer unpersönlichen Macht, die wir für den Verursacher unseres Unglücks halten, ist eine späte und keineswegs sichere Errungenschaft unseres Denkens und Fühlens. Bei primitiven Völkern werden Katastrophen nie auf unpersönliche Kräfte zurückgeführt. Wenn diese Menschen unter einer Hungersnot, Krankheiten oder plötzlichen Todesfällen leiden, halten sie Ausschau nach dem Zauberer, der diese Geschehnisse mit seiner bösen Magie verursacht hat. Von unserem eigenen Standpunkt aus machen wir, etwas von oben herab, solche abergläubischen Vorstellungen gern lächerlich. Aber tendenziell überleben sie in unserem Unbewussten. Das Unbewusste ist sich seiner inneren Feinde gewahr und schreibt diesen jede neue Katastrophe zu. Wenn aber jemand auf einen äußeren Verursacher verweist, glauben wir ihm nur zu gern, weil die innere Spannung sofort nachlässt, sobald unsere Angst und unser Hass einem äußeren Feind gelten. Meistens gibt es dabei einen kleinen wahren Kern, der aber gewaltig überzeichnet wird. Einige Menschen haben von der Wirtschaftskrise profitiert, auch wenn sie sie nicht herbeigeführt haben. Und einige dieser Menschen waren Juden oder Sozialdemokraten. Die Redner brauchten nichts anderes zu tun, als sie zu beschuldigen. Für die Zuhörer in ihrer halb-hypnotischen Trance war ihre Schuld damit bereits erwiesen und ihr Urteil gesprochen.

Aber Selbstmitleid und Hass waren nicht genug. Es musste noch die Angst vertrieben werden, die sonst vielleicht dazu geführt hätte, dass sich die Partei dem Staat nur sehr vorsichtig widersetzt hätte. Deshalb gingen die Redner von ihren Beschimpfungen zum Selbstlob über. Aus kleinen Anfängen heraus war die Partei zu einer unbesiegbaren Macht herangewachsen. Jeder Zuhörer spürte etwas von dieser Omnipotenz in sich selbst. Er wurde in eine neue Psychose weitergeleitet. Aus der induzierten Melancholie wurde Paranoia, und aus der Paranoia wurde Größenwahn. Psychoanalytisch formuliert reichte es nicht, den inneren Feind durch einen äußeren zu ersetzen. Es war auch wichtig, aus dem inneren Verfolger einen mächtigen Verbündeten werden zu lassen, der zwar schrecklich blieb, aber nicht mehr für das Individuum, sondern nur noch für seine Feinde bedrohlich war. Aus dem Teufel wurde der deutsche (phallische) Kriegsgott, und jeder Zuhörer fühlte ihn wachsen und in seiner Brust schlagen.

Trotzdem blieb noch etwas im Unbewussten unbefriedigt, denn dieses enthält nicht nur Ängste und Hass, sondern auch eine große Sehnsucht nach einer Art Paradies, in dem alle Verletzungen geheilt sind und alle Menschen einander lieben. Deshalb appellierte Hitler an die Einheit. Für mich lag darin das Geheimnis seines Erfolgs. Hätte er wie einige seiner Anhänger nur Blitz und Donner im Angebot gehabt, wäre er wohl kaum der Gott geblieben, der er ist. Aber er schürte auch das unbewusste Verlangen nach einer idealen Familie, in der niemand verletzt werden würde und alle in Frieden miteinander leben könnten. Dieses Paradies stand allerdings nur den wahren Deutschen und echten Nazis offen. Jeder andere blieb ein Verfolger und deshalb ein Objekt des Hasses.

## V. Ein Muster einer induzierten Psychose

Wie ich zu zeigen versucht habe, scheint die Nazi-Rhetorik einem Muster zu folgen, das sie mit vielen anderen, oft scheinbar ganz anders gearteten Formen der Propaganda gemein hat. Negativ formuliert scheint die Propaganda eine Methode zu sein, mit der oft eine Reihe temporärer Psychosen induziert wird, zu Beginn meistens eine Depression, die erst in eine Paranoia übergeht und dann in einen Zustand manischer Glückseligkeit. Aber wenn man ihre Vorzüge betrachtet, könnte sie auch so etwas wie eine heilsame Wirkung haben, wenn sie den Empfänger in einem depressiven Zustand erreicht, der dann in eine nicht allzu labile Begeisterung übergeht. In beiden Fällen scheint das zugrunde liegende Muster dasselbe zu sein.[4]

4 Dieser Abschnitt wurde im April 1940 neu geschrieben.

### (a) Die depressiv-paranoide Phase

Der echte Propagandist fühlt sich häufig wie ein Messias, der den Weg zum Heil entdeckt hat – sei es nun ein neuer Glaube oder auch nur ein Patentrezept. Aber seine Vorschläge werden nicht auf die Probe gestellt, solange er die Menschen nicht davon überzeugen kann, dass sie Hilfe brauchen. Manchmal fühlen sie sich bereits ängstlich oder depressiv. Aber sollte dem nicht so sein, muss er in einem ersten Schritt diese Gefühle in ihrem Unbewussten erst einmal wecken. Deshalb setzte die Nazi-Propaganda mit den Leiden Deutschlands ein – Leiden, die real genug waren, aber solange übertrieben wurden, bis die Menschen das Gefühl hatten, tatsächlich am Rande eines Abgrunds zu stehen, vor dem nur Hitler sie retten konnte. Aus genau demselben Grund geht ein religiöser Propagandist zunächst auf ängstigende Schuldgefühle und die drohende Verdammnis ein; selbst in der kommerziellen Werbung wird an die Hypochondrie appelliert oder das Gefühl sozialer Unterlegenheit angesprochen, das oft latent vorhanden und ziemlich leicht zu wecken ist, bevor ein Patentrezept angeboten wird, beispielsweise Kosmetikpräparate oder Bekleidung.

Politische Propaganda folgt oft dem gleichen Muster. Uns wird gesagt, dass die andere politische Partei den Wert unserer Ersparnisse aufs Spiel setzen oder uns in einen Krieg führen würde, wenn sie denn an die Macht käme, oder alternativ, dass sie die Löhne kürzen, die Renten oder das Arbeitslosengeld einfrieren, also nichts tun würde, um die latente Angst des Arbeiters vor Verarmung zu mindern. Aber wenn die angedeuteten Bedrohungen nicht wirklich real und deshalb schwer zu begreifen sind, oder wenn wir einer Partei nicht zutrauen, dass es in ihrer Macht stünde, uns vor den angekündigten Katastrophen zu bewahren, dann bleibt diese Art von Propaganda erfolglos. Der Wahlslogan »Safety First« erschreckte 1931 nur die wenigen Menschen, die über großen Reichtum verfügten. Darüber hinaus war dieser Appell an die Angst nur negativ und wurde nicht durch Vorschläge ergänzt, was dagegen zu unternehmen sei.

Eine offensichtliche Ausnahme von der Regel, dass Propaganda zunächst an Ängste appelliert, bildet die weit verbreitete Form, die an eine berechtigte Empörung appelliert. Dabei kann die Empörung etwas gelten, das uns angetan wurde, oder stellvertretend für etwas anderes stehen. Die revolutionären Massen in Paris oder Moskau wurden zur Weißglut angestachelt, indem ihnen erzählt wurde, ihnen sei ihr Recht auf Freiheit und Gleichheit vorenthalten worden. Aber zur Zeit Gladstones wurde unsere eigene Empörung kaum weniger heftig durch Berichte über die Gräueltaten in Bulgarien geschürt, oder den Überfall auf Belgien 1914 oder im September 1938 durch die Bedrohung der Tschechoslowakei; den Deutschen ging es ähnlich mit dem Jameson Raid und dem Burenkrieg. Aber ich meine, dass es nur so aussieht, als fehle bei der Empörung die Angst und bestehe nicht wirklich. Das Thema der Propaganda beginnt mit einem Akkord, nicht mit einem einzelnen Ton, und die Angst geht in dem größeren Lärm unter. Dass sie tatsächlich besteht, scheinen die Fälle zu beweisen, in denen verhindert wird, dass die Empörung durchbricht. Wenn nichts unternommen wird, um das bedrohte Objekt zu retten, lässt der Ärger nach und wir bleiben dann mit großer Angst zurück, entweder mit der Angst um uns selbst oder um die, die ihrem Schicksal überlassen wurden. Darin, und weniger in Erleichterung, bestand die Reaktion der meisten protschechischen Engländer nach dem Münchner Abkommen.

Die der Empörung zugrunde liegende Angst ist bei der Nazi-Propaganda meines Erachtens noch deutlicher. Der Anfang war, dass im deutschen Volk eine Art ›Gruppen-Paranoia‹ geschürt wurde, sodass die Menschen das Gefühl bekamen, von Feinden außerhalb und innerhalb ihres Landes verfolgt zu werden. So wurden die schlafenden Schreckgespenster des Unbewussten geweckt und als Juden, Demokraten und Kommunisten identifiziert. Nun sind Schreckgespenster aus dem Unbewussten immer in erster Linie Objekte der Angst. Angst kann aber von Hass überflutet werden, und die Grausamkeit, mit der die Nazi-Propaganda die von ihr selbst geschaffenen Schreckgespenster attackierte, wurde durch nichts übertroffen, nicht einmal während der mittelalterlichen Hexenjagd. Wäre dem nicht so, hätte sie eine Massenhysterie hervorrufen können (ähnlich der Hysterie im Jahr 1000, als das Ende der Welt vorhergesagt wurde) und nicht die Manie der Masse, die sie tatsächlich erzeugte. Wie in der Psychologie vieler pathologischer Individuen scheinen in der Tat in der Nazi-Propaganda Angst und Hass eine Art Teufelskreis zu bilden. Zuerst wird die Angst geweckt und dann der Hass, um die Angst wieder einzudämmen; aber der Hass sinnt auf Rache und steigert damit die Angst, die in noch mehr Hass ertränkt werden muss und so weiter. Das System braucht *effektiven* Hass – einen Hass, der befriedigt werden kann –, um lebendig zu bleiben. Verlöre der Hass seine Macht, würde er in die hysterische Angst umschlagen, die ihm unbewusst zugrunde liegt.[5]

Eine weitere Form der Propaganda beginnt nicht nur auf einem Ton der Angst, sondern behält diesen Ton bei. Das ist die terroristische Propaganda, die darauf abzielt, die Moral eines Feindes vor oder während eines Krieges zu untergraben. Ein gutes Beispiel dafür ist jener Teil der Nazi-Propaganda, der eher für den Export gedacht war als für den heimischen Gebrauch. Die Nazis haben ganz sicher versucht, die Welt in Angst und Schrecken zu versetzen und das ist ihnen, wie man zugeben muss, bis zu einem gewissen Grad auch gelungen. Für viele Menschen – und nicht nur für die Vertreter der politischen Opposition in Deutschland – ist der Nazi-Führer eine finstere und teuflische Macht geworden, eine Macht, die ihren Schatten auf die ganze Welt wirft, eine Macht, der sie sich nicht zu widersetzen wagen und der sie nicht entkommen können. Diese Figur entstammt unmittelbar dem Unbewussten. Sie ist identisch mit den Furien der griechischen Vorstellungswelt, mit dem rächenden Gott des Alten Testaments und mit dem Satan samt seinem Pferdehuf im Aberglauben des Mittelalters. Der Prototyp dafür ist in jedem Fall, auch wenn es zunächst unglaubhaft klingt, eines der beiden unbewussten und unvereinbaren Bilder, die das Kind sich von seinen Eltern, insbesondere dem Vater, bildet. Selbst ein noch so bewundernswerter Vater wird zum Prototyp der Teufel seiner Kinder wie auch ihrer Götter. In der unbewussten Phantasie lässt sich dieser Dämon vielleicht in Schach halten oder wird von freundlicheren Bildern derselben Elternfigur überlagert, die dann als liebender Gott oder Schutzengel erscheinen können. Aber das eher finstere Bild bleibt in der Tiefe vorhanden, wie ein Geist, der nur unter Vorbehalt zur Ruhe gebracht wurde und sich jederzeit wieder erheben kann. Terroristische Propaganda ist wie eine mittelalterliche Beschwörung; sie trachtet danach, diese diabolische Figur aus dem Unbewussten hervorzuholen, aber nicht als einen scheußlichen Verbündeten, sondern um jede Opposition im Keim zu ersticken. Sie kann sehr erfolgreich sein, aber nur, wenn die Anführer der Opposition nicht ebenso resolut sind wie ihre eigenen.

5 Dieser Abschnitt wurde 1940 hinzugefügt.

### *(b) Die manische oder enthusiastische Phase*

Außer im Fall eines vorsätzlichen Terroraktes macht keine Propaganda Halt vor Angst. Ist die Angst erst einmal geweckt, oder zumindest verstärkt, besteht der nächste Schritt darin, Hoffnung zu wecken, insbesondere die Hoffnung auf Erlösung. Dies mag historisch trivial klingen, ähnlich wie ein Patentrezept oder irgendein Punkt aus dem Programm einer politischen Partei, die sich nicht sonderlich von ihrer Alternative unterscheidet; oder er könnte historisch fundamental sein, wie beispielsweise ein neues Bekenntnis, sei es religiöser oder politischer Natur.

Oft ist es ein Mensch, an den sich die Hoffnung auf Erlösung heftet. Der Sünder wird, nachdem man ihm zunächst das Ausmaß seiner Schuld höchst anschaulich klargemacht hat, angehalten, sich an Gott zu wenden. Bei säkularen Fragen ist es ähnlich: Einem Menschen, der ängstlich oder depressiv ist, oder in dem diese Gefühle ausgelöst wurden, wird empfohlen, sein Heil bei einem nationalen Anführer oder Parteivorsitzenden zu suchen. Selbst im trivialen Fall einer Patentmedizin könnte es ein gutes Verkaufsargument sein, den Entdecker dieser Medizin namentlich zu erwähnen. Auch wenn eine Propaganda darauf abzielt, die schwer erschütterte Moral eines ganzen Volkes wieder zu stärken, wird an einen individuellen Anführer appelliert. In diesem Beispiel wurde der erste Schritt, das Wecken der Angst, bereits von der Gegenseite vollzogen. Der Ton, mit dem das eine Land seine Gegner zu terrorisieren und zur Unterwerfung zu bringen versucht, wird vom gegnerischen Land aus den entgegengesetzten Motiven vervollständigt, nämlich mit der Absicht, sie zum Widerstand zu bewegen. Aus diesem Grund haben 1914 England und Deutschland auf die Propaganda der Gegenseite unter anderem dadurch reagiert, dass sie ihren eigenen Generälen, insbesondere Kitchener und Hindenburg, eine enorme Publizität verschafften.

Die Helden oder Götter des einen Volkes sind oft die Teufel des anderen; Napoleon und Hitler sind herausragende Beispiele für diese Doppelrolle. Für Ausländer symbolisieren sie den bösen Vater und sind daher eine Inkarnation all der zerstörerischen Mächte des Bösen. Für ihre eigenen Landsleute sind sie die Heilsbringer und Symbole der guten Vaterfigur, die ebenso wie die böse Vaterfigur in der unbewussten Phantasie weiterlebt.

Aber obwohl der erlösende Held vor allem ein guter Vater ist, so kann er doch auch eine »vereinigte Elternfigur« sein, also Vater und Mutter in einer Person; und wenn er ein Revolutionsführer ist, symbolisiert er wahrscheinlich außerdem einen älteren Bruder, der die Revolution gegen einen tyrannischen Vater anführt. Dass er alle drei Figuren auf einmal sein kann, eine Trinität in einer Person, ist kein Widerspruch, da Symbole oft überdeterminiert sind, also für mehr als *eine* unbewusste Figur stehen.

Das Bedürfnis, in der Außenwelt solche Symbole für die guten inneren Figuren der unbewussten Phantasie zu finden, wächst proportional mit dem Ausmaß der empfundenen Bedrohung durch die bösen Figuren. Wer keine Angst hat, braucht keinen Erlöser. Aber wenn bei einem Menschen die Angst erst einmal geweckt ist, glaubt er nicht mehr daran, dass es in ihm selbst etwas Gutes gibt, und sucht dann nach einem Symbol für die guten Mächte, um sich zu vergewissern, dass sie noch lebendig sind.

Um ein Held, ein Anführer, zu werden, reicht es in der Regel nicht, dass jemand ein Evangelium predigt. Er braucht die Unterstützung durch eine Gruppe. Vielleicht predigt er lange vergeblich; aber wenn sich diese Gruppe erst einmal gebildet hat, wächst sie wie ein Schneeball und mit jeder Zunahme wächst die symbolische Autorität des Predigers. Ein Volk, ein Führer – er ist identifiziert mit seiner Gruppe und gewinnt die überwältigende Macht, die schon allein in der hohen Zahl besteht. Wer außerhalb der Gruppe steht, kann ihn nicht länger als ein gewöhnliches Individuum sehen. Er muss entweder Gott oder der Teufel sein; und wenn Menschen keinen Gott in sich haben, auf den sie sich verlassen können, oder wenn sie isoliert sind und keinen anderen Führer in der Außenwelt haben, an den sie sich wenden können, müssen sie entweder ungemindert das Gefühl der inneren oder äußeren Verfolgung ertragen oder aber sich ihm ergeben und ihn als ihren Gott akzeptieren. Dieser Schritt führt zu einer enormen Erleichterung, sodass sie sich von ihrer Angst und ihrem inneren Konflikt befreit fühlen. Er ist allmächtig und muss sie beschützen. Zunächst rettet er sie vor realen Problemen, die er wahrscheinlich zuvor aufgebauscht hat. Und schließlich errettet er sie vor der Angst, die allein schon das Gefühl mit sich bringt, ausgeschlossen zu sein und nicht zu seiner Gruppe zu gehören.

Die Entdeckung eines Helden leistet mehr, als nur dem Unbewussten zu versichern, dass den inneren Verfolgern Freunde gegenüberstehen, die keineswegs weniger mächtig sind. Diese Entdeckung setzt auch die Fähigkeit frei, rekonstruktiv tätig zu werden, eine Fähigkeit, die vielleicht während der vorausgegangenen depressiven Phase verlorengegangen war. Im Unbewussten existieren nicht nur Ängste, Hass und liebevolle Gefühle, sondern auch das starke Bedürfnis, etwas wieder in Ordnung zu bringen. In der unbewussten Phantasie des Kindes wird so viel durch seine eigene Aggression zerstört und durch die Menschen, auf die es seine Aggression projiziert hat, dass nur der Glaube, es verfüge über die Fähigkeit, den angerichteten Schaden wiedergutzumachen, es vor äußerster Verzweiflung bewahrt. Diese Überzeugung und der damit einhergehende Wunsch zur Wiedergutmachung scheinen jeder konstruktiven Arbeit zugrunde zu liegen. Diese Überzeugung kann zeitweise verlorengehen und ein ganzes Volk in eine Lähmung versetzen, die an Verzweiflung grenzt, wenn die äußeren Umstände, zum Beispiel nach einem verlorenen Krieg oder während einer Wirtschaftsdepression, ungünstig sind. Aber wenn die Menschen einen Helden finden, dem sie vertrauen, gewinnen sie auch wieder das Vertrauen in eine gute innere Macht zurück, die erfolgreich mit ihren Schwierigkeiten fertig wird und seien diese auch noch so groß.

Derzeit, am 25. August 1939, ist dieses Land Gefahren ausgesetzt, die vielleicht alle Gefahren noch übertreffen, die ihm seit den Napoleonischen Kriegen drohten. Aber die Verkündung des Nichtangriffspakts zwischen Russland und Deutschland hat uns nur deshalb nicht zu erschüttern vermocht, weil unsere Regierung entschieden gehandelt und Polen erneut unsere Unterstützung zugesichert hat. Dank dieser Entschlossenheit unserer Führung, die sich viele von uns schon in früheren Krisen gewünscht hätten, können wir der größeren Gefahr jetzt mit mehr Mut begegnen und mit mehr Zutrauen in unsere Fähigkeit, uns selbst zu verteidigen bzw. können wir uns, langfristig gesehen, erneut für die Werte einsetzen, für die wir in der Welt stehen. Wenn wir stattdessen diese Werte aufgegeben hätten – wie es manche nach dem Münchner Abkommen empfanden –, wären wir, so denke ich, in eine innere Verzweiflung geraten, gegen die auch die vorübergehende Rücknahme der Kriegsdrohung nicht geholfen hätte. Diese Werte – Freiheit, Gerechtigkeit und Demokratie – schienen so bedroht zu sein, dass viele von uns nicht mehr konstruktiv arbeiten konnten. Aber diese Fähigkeit stand uns bald wieder zur Verfügung, als wir merkten, wie entschlossen unsere Führung handelte, eine Entschlossenheit, auf die wir so lange gewartet hatten.

Auch in Deutschland sorgte die Führung dafür, dass die Menschen wieder an ihre Fähigkeit zu konstruktiver Arbeit glauben konnten, nur dass dort das unbewusste Drängen auf Restitution in einer anderen symbolischen Form zum Ausdruck kam. Für die Nazis haben Begriffe wie Freiheit, Gerechtigkeit und Demokratie, wie wir sie verstehen, offiziell nicht dieselbe Bedeutung, wichtiger ist ihnen der Staat, wie ihn Hegel versteht.[6] Auch wenn innerhalb Deutschlands Werte wie Freiheit, Gerechtigkeit und Demokratie durchaus noch eine Rolle spielen können, hat diese Staatsauffassung Deutschlands für andere Länder keine Anziehungskraft, sodass die Moral auf unserer Seite ist. Mit dieser Halbherzigkeit wird Deutschland nicht die Sympathien neutraler Länder für sich gewinnen. Vielmehr werden langfristig die Wertvorstellungen, die wir mit unseren Verbündeten teilen, wahrscheinlich ein stärkeres Band sein als die eigennützigen Interessen von Gegnern, die jederzeit wieder aufgehoben werden können.

Ich habe zuletzt ausgeführt, dass man unter Propaganda entweder ein Mittel verstehen kann, mit dem sich eine – letztlich manische – Massenpsychose auslösen lässt, oder als ein Mittel, um eine Massendepression zu heilen. In gewisser Weise ist jeder dieser Aspekte subjektiv: Es gibt in der Nazi-Propaganda kurative Elemente, genau wie es in unserer manische gibt. Aber es gibt meines Erachtens einen großen Unterschied, nämlich in der Frage, inwieweit der Realitätssinn erhalten bleibt. Der deutsche oder Hitler'sche Kriegsgott, den das Volk der Teutonen inkorporiert und der ihnen zeitweise so viel Kraft verliehen hat, wirkt für unser Empfinden zu phantastisch, um diese Vorstellung nachvollziehen zu können. Wie Jahwe im Alten Testament ist er für sein Volk eine gute Vaterfigur, die aber, zumindest für uns, durch die Attribute einer imaginären bösen Figur aus der unbewussten Phantasie fast bis zur Unkenntlichkeit entstellt ist. Unsere eigenen nationalen Götter, diese Geister aus dem Unbewussten, an denen wir unser Verhalten ausrichten, sind weniger einheitlich und weniger unterschiedlich, aber auch menschlicher und realer. Sie basieren auf Elternfiguren, die anscheinend weniger durch kindliche Aggression verzerrt sind.[7]

6 Anm. d. Übers.: Der Staat als »göttliche Institution«.

7 Dieser Abschnitt wurde 1940 hinzugefügt.

## VI. Zusammenfassung

Eine kurze Zusammenfassung der Hauptpunkte der psychologischen Propaganda aus meiner Sicht:

(a) Die generelle Empfänglichkeit der Menschen für Propaganda variiert und ist abhängig vom Grad der Unabhängigkeit, d. h. der persönlichen Reife, die jemand erlangt hat. Der Charakter entwickelt sich durch die Nachahmung eines Ideals, was nicht so sehr bewusst abläuft, sondern durch einen unbewussten Assimilationsprozess, durch den die Eigenschaften des idealen Charakters – letztlich idealer Elternfiguren – nach und nach absorbiert werden.

Wenn die imaginierten Elternfiguren der frühen Kindheit überwiegend gut und hilfreich sind, können sie unschwer absorbiert werden und die Basis für einen ausgeglichenen und unabhängigen Charakter bilden. Wenn aber diese Elternfiguren überwiegend böse sind, wird ihre Absorption durch Angst behindert; sie verbleiben in der unbewussten Phantasie als innere Verfolger. Da der daraus entstehende Charakter wenig Unterstützung in sich selbst findet, wird er außerordentlich abhängig von anderen und damit beeinflussbar sein.[8]

(b) Suggestibilität hängt nicht nur vom Grad der charakterlichen Unabhängigkeit ab, sondern auch von der *Quelle* der Propaganda. Menschen reagieren besonders sensibel auf den Einfluss derjenigen Symbole für gute Elternfiguren, die sie in der Außenwelt als Schutz vor der Verfolgung durch die bösen inneren Figuren suchen.

(c) Und schließlich hängt die Suggestibilität auch von der *Art* der Propaganda ab. Um wirksam zu sein, muss sie bereits vorhandenen unbewussten Phantasien entsprechen oder sie symbolisieren.

Die wirksamste Propaganda setzt wahrscheinlich damit ein, dass Ängste angesprochen werden. Sie verweist zunächst auf Symbole für die bösen

8 [1977] Man sollte nie vergessen, dass die guten und bösen inneren Figuren ihre Eigenschaften weitgehend dem verdanken, was das Kind an Liebe oder Sadismus in sie projiziert hat.

Elternfiguren und weckt auf diese Weise die schlafenden Dämonen der unbewussten Phantasie; dann erstellt sie kompensatorisch Symbole für die guten Elternfiguren, Helden, die stark genug sind, um die Dämonen zu besiegen, sodass die Menschen den verlorengegangenen Glauben an ihre eigene Stärke und ihre Fähigkeit zu kreativer Arbeit wiedergewinnen. Das verleiht ihnen den Mut, sich mit den realen Gefahren auseinanderzusetzen, die oft viel schwerwiegender sind als die mehr oder weniger imaginären Gefahren, vor denen ihnen zunächst Angst gemacht wurde.

*Aus dem Englischen übersetzt von Antje Vaihinger*

# Einführung zu Kapitel 4

*Soziale Konflikte und die Herausforderung für die Psychologie* ist die erste Arbeit, die Roger Money-Kyrle nach dem Zweiten Weltkrieg und nach seinem mehrmonatigen Deutschlandaufenthalt 1946 als Interviewer der Forschungsabteilung zu deutschem Personal der Briten verfasste. Er beleuchtet die Bedeutung, die Politik unbewusst für uns haben kann, und damit auch, wie die ödipale Situation und welche in der Kindheit wurzelnden Konflikte diese mitdeterminiert. Ist auf diesem Hintergrund eine Parteinahme für den Humanismus in jedem Fall unwissenschaftlich? Bedeutet sie unbewusst beispielsweise, eine gute Mutterfigur gegen den bösen Vater zu verteidigen? Und ist diese Verteidigung ihrerseits ggf. geprägt von Eifersucht? Widerspricht also eine Parteinahme einer notwendigen wissenschaftlichen Neutralität? Angesichts der totalitären Nazi-Ideologie und deren desaströse Folgen wählt Money-Kyrle eine Herangehensweise, die auf Logik und Psycho-logik gründet – nüchtern, aber von menschlicher Wärme getragen.

Für ihn ist entscheidend, dass es möglich ist, anhand von Kriterien qualitativ zu argumentieren. Die Herausforderung besteht also zum Beispiel darin zu zeigen, ob und wie Gesundheit und seelische Reife in einer humanistischen Gesellschaft wahrscheinlicher zu erlangen und zu erhalten sind als in einer autoritären. Seine Haltung ist geprägt von der Aufklärung, so dass es auch möglich ist zu denken, u. U. wüssten Gegner nur nicht, was die Qualitäten unserer guten Objekte sind, weshalb sie ihnen als Gegner erschienen. In solch einem Fall liegt Abhilfe auf der Hand.

Zugleich hat Money-Kyrle vor Augen, dass in uns immer auch – in unterschiedlichem Ausmaß – unbewusste Phantasien latent eine Rolle spielen, die von frühen verfolgenden inneren Figuren bestimmt sind. Gesellschaften, Gruppen oder Institutionen können, sind sie nicht primär pluralistisch und demokratisch verfasst, durch entsprechende Mechanismen diese gefährlichen inneren Figuren aktualisieren, die dann das Erleben bestimmen. Nimmt man zur Veranschaulichung ein heutiges Charakteristikum unserer gesellschaftlichen Realität, so kann durch die Forderung, seelische Erkrankungen könnten und müssten »schnell und effektiv« behandelt werden, eine solche Über-Ich-Figur dominieren, die in bedrohlicher Weise verurteilt, was realiter möglich ist. In perverser Weise wird dadurch das Wissen, dass seelisches Wachstum Zeit braucht, unterminiert. Das Setzen auf »schnell und effektiv« führt im Zweifelsfall zu maniformen Aktivitäten, die erschöpfend sind und zugleich die Not von Patienten unbehandelt lassen (und damit verschlimmern).

Eine humanistische Einstellung hingegen, welche die individuellen Verstrickungen des Patienten ernstnimmt und sich dafür interessiert, wird eher sowohl der Verantwortlichkeit des Einzelnen als auch seinem Leiden gerecht. In der Terminologie des folgenden Artikels verstärkt Zwang, so die Annahme, in Friedenszeiten tendenziell unbewusste Phantasien über eine innere Verfolgungssituation und führt damit zu einer »Zunahme typisch schizoider Gefühle, sowohl der Verfolgung als auch der Apathie«. Money-Kyrle unterstreicht damit die Bedeutung der Art der gesellschaftlichen (und / oder institutionellen) Organisation auch für Erwachsene: Eine integrierte Gruppenidentität hilft ggf., dass individuelle pathologische Anfälligkeiten nicht zum Tragen kommen, die unter polarisierten oder totalitären Umständen zu seelischen Krankheiten führen.

Umgekehrt ist natürlich zu fragen, welche Charakteristika von Politik sich eignen, von unbewussten Phantasien aufgeladen zu werden. Money-Kyrle nennt hier die Abstraktheit der Begriffe, die sie als optimalen Jagdgrund für unbewusste primitive Mechanismen geeignet erscheinen lassen. Während konkrete jüdische Nachbarn in der Realität wie andere auch mit ihren verschiedenen Aspekten kennengelernt werden, können »die Juden« davon völlig abgelöst behandelt werden. Auch hier gilt allerdings wieder: Je eher es dem Individuum gelingt, in seinem Inneren verschiedene Anteile in ihren Schattierungen und Differenzen anzuerkennen, sich der Realität eines inneren guten Objekts, das durch unseren Hass beschädigt ist, zu stellen, desto eher kann auch in die Politik hinein dementsprechend agiert werden. Aber wenn depressive Schuld nicht ausgehalten wird, dann wird auf Spaltung und Projektion zurückgegriffen, Verschiedenheit auch im Außen bekämpft und einer omnipotenten Kontrolle unterworfen und so ein »totalitärer Trugschluss« umgesetzt. Bezüglich der Nationalsozialisten also dahingehend, dass das Böse und Unheilvolle in »die Juden« projiziert wurde, was den (Fehl-) Schluss erlaubte, wenn wir uns derer entledigten, sei Deutschland »nur gut«.

In all dem greift Roger Money-Kyrle auf Melanie Kleins Beschreibung zweier grundlegend verschiedener Qualitäten seelischen Funktionierens zurück: In der sogenannten paranoid-schizoiden Position herrschen Ängste um das eigene Selbst vor, die über Idealisierung eines Gegenübers, das mit Schutz verbunden wird, und Entwertung des als bedrohlich Erlebten in Schach gehalten werden sollen. In der depressiven Position, in der das Angewiesen-Sein auf Andere gesehen wird, steht damit auch die Sorge, diese durch wütende und hassende Impulse beschädigt zu haben, im Vordergrund. Auf diesem Hintergrund lässt sich das, wie Money-Kyrle formuliert, weitverbreitete Bedürfnis zu idealisieren nachvollziehen: Es bietet vermeintlich Schutz und enthebt einen der Sorge. Diese Funktionen können Religion oder politische Parteien bedienen. Er schildert, wie er 1946 Menschen in Deutschland begegnete, die in Hitler ein solches »nur gutes« Objekt sahen – und verzweifelt daran festzuhalten suchten, indem sie die Schuld an Versagen und Verbrechen Anderen zuschrieben. Die Aufgabe dieser Idealisierung war für sie gleichbedeutend mit einem katastrophalen seelischen Zusammenbruch.

Die Idealisierung grausamer Figuren, also zum Beispiel Hitlers, für das, was er war und tat, beinhaltet eine Umwertung (*transvaluation*) mittels perverser Mechanismen und dient dazu, die Verfolgungsangst zu besiegen. Aus dem gefürchteten Verfolger wird eine fanatisch bewunderte Person. Money-Kyrle wird später das Ergebnis solcher Umwertungen als Missrepräsentationen in seinen systematischen Überlegungen zur kognitiven Entwicklung näher untersuchen (siehe dazu Band 3). Hier dient es ihm dazu, neben den Autoritären und Humanisten – die er 1951 ausführlicher darstellen wird (in diesem Band) – sog. »Egoisten« zu kennzeichnen. Letztere erscheinen gewissenlos, ihre Gier unterhält einen Teufelskreis von destruktivem Agieren, dadurch evozierter Angst, die durch noch mehr Gier bekämpft wird, wobei die Schuld verleugnet wird.

Diese Mechanismen seien ggf. im »politischen Ich« ausgeprägter als im individuellen. Verleugnung und Projektion von Schuld unterhalten Feindschaften und bildeten einen wesentlichen Faktor »für nationale und politische Rachsucht«, was er keineswegs auf Deutschland beschränkt sieht. Er analysiert ebenso die Formen von Verleugnung, die in seinem Heimatland Großbritannien zum Beispiel vor dem Zweiten Weltkrieg am Werke waren. Und formuliert das Dilemma im privaten wie politischen Bereich dahingehend, dass man Anderen nicht verzeihen kann, ohne eigene Schuld anzuerkennen. Wenn einem selbst aber nicht verziehen werde, sei es noch schwerer, sich die Schuld bewusst zu machen. Wenn man überlegt, was im politischen Bereich dazu beitragen kann, aus diesem Teufelskreis herauszuführen und eher gutartige Prozesse zu befördern, dann sind es wohl u. a. Ansätze, wie die Briten sie mit dem *German Personnel Research Branch* nach 1945 verfolgten: Persönlichkeiten, welche engagiert und verantwortlich Pluralität leben und vertreten können, mit entscheidenden Führungspositionen zu betrauen.

*Claudia Frank*

# Kapitel 4

# Soziale Konflikte und die Herausforderung für die Psychologie[1]

## I. Das Dilemma des Psychologen

Seit mehr als drei Jahrzehnten vertreten Psychologen die Ansicht, dass die Probleme der Welt nicht nur ökonomischer, sondern zum Teil auch psychologischer Natur sind. Eigentlich sagen sie, die Welt sei krank. Und hinter diesen Worten könnte die Phantasie verborgen sein, die Welt sollte sich von ihnen behandeln lassen. Zunächst deutete aber nichts darauf hin, dass die Welt ihre Krankheit erkannte oder dem unausgesprochenen Ratschlag folgen wollte. Aber allmählich, und insbesondere seit dem Zweiten Weltkrieg, wuchs die Bereitschaft, sich den Psychologen etwas aufmerksamer zuzuwenden. Und in dieser neuen Einstellung einer Gesellschaft, die mehr denn je spürt, dass etwas mit ihr nicht stimmt, liegt heutzutage eine Herausforderung für die Psychologie.

Diese Herausforderung könnte einerseits als eine gute Gelegenheit aufgefasst werden, uns andererseits aber auch in Verlegenheit bringen, weil wir dann vielleicht das Gefühl haben, unser Bluff sei durchschaut worden und wir hätten vielleicht sehr viel weniger zu bieten, als wir uns unbewusst ausgemalt haben. Aber das ist vielleicht nicht unser größtes Problem, da es uns ja nicht davon abhält, das vorzuschlagen, was wir anzubieten haben. Schwieriger, zumindest aus meiner Sicht, ist es, dass diese Herausforderung uns – ganz aktuell – vor die alte Frage nach der Beziehung zwischen Wissenschaft und Ethik stellt, insbesondere im Hinblick auf die Politik. Die Konflikte, die nicht nur das zukünftige Glück, sondern sogar die Existenz der Gesellschaft

1 Vortrag vor der Medical Section der British Psychological Society am 17. Dezember 1947. Veröffentlicht in: *B. J. Med. Psych., xxi*, 1947–48.

insgesamt bedrohen, sind ideologischer Natur. Wie sollen wir intervenieren? Haben wir den schmalen Pfad der Wissenschaft verlassen, wenn wir unser Expertenwissen dazu nutzen, unsere eigenen Ideale zu verteidigen? Sind wir der Herausforderung aus dem Weg gegangen, wenn wir ›wissenschaftlich‹ neutral bleiben? Ich weiß nicht, wie weit dieses Gefühl verbreitet ist; aber vielleicht doch weit genug, dass man sich darüber ein paar Gedanken machen sollte. Ich möchte es das Dilemma des Psychologen nennen.

Das Dilemma selbst ist ursprünglich teils ein psychologisches, teils ein logisches. Der psychologische Aspekt stellt uns vor die große Frage, welche Bedeutung unsere Politik unbewusst für uns hat. Da ich später auf dieses Thema noch genauer eingehen werde, möchte ich zunächst nur ein möglichst einfaches Beispiel für die damit einhergehenden Konflikte anführen. Wie wir wissen, könnte die Verteidigung einer Ideologie – zum Beispiel des Humanismus gegenüber einem totalitären System – oft die Bedeutung haben, eine gute Mutterfigur gegen eine böse Vaterfigur zu verteidigen. Aber wenn auf einer tieferen Ebene auch andere Motive wirksam sind, wie beispielsweise die Eifersucht auf den phantasierten bösen Vater, die ihm entgegengebrachte Bewunderung oder sogar der Wunsch, genauso tyrannisch zu sein wie er, dann könnte man Zweifel an der Echtheit des ursprünglichen Motivs haben, was wiederum das Gefühl verstärken könnte, es sei unwissenschaftlich, Partei zu ergreifen. Aber wenn andererseits das Bedürfnis besteht, neutral zu bleiben, weil es vielleicht zu gefährlich wäre, diese böse Vaterfigur anzugreifen, dann könnte Neutralität als feiges Ausweichen empfunden werden. Es könnte dann gleichermaßen unmöglich sein, Partei zu ergreifen oder darauf zu verzichten – oder nur durch eine Persönlichkeitsspaltung in einen parteiischen Bürger und einen neutralen Wissenschaftler zu erreichen sein.

Um nun zu den logischen, im Unterschied zu den psychologischen, Aspekten des Dilemmas zu kommen, in dem sich der Psychologe befindet, möchte ich zu zeigen versuchen, dass weder eine Parteinahme unwissenschaftlich noch Neutralität ein Ausweichen sein muss.

Wer der Meinung ist, zwischen Wissenschaft und Ethik bestehe eine unüberwindliche Kluft, führt zunächst das Argument ins Feld, dass andernfalls Aussagen über Fakten und Aussagen über Präferenzen miteinander vermengt würden. Wenn ich sage, ich bin von der Psychoanalyse[2] überzeugt, unterstrei-

2 Der Begriff *Psychoanalyse* hat heute eine doppelte Bedeutung. Er bezieht sich

che ich, dass nach meiner Überzeugung bestimmte empirische Aussagen zutreffen. Meine Überzeugung kann empirisch bestätigt oder widerlegt werden, weil ich mich auf Fakten beziehe. Wenn ich aber sage, ich glaube an den Humanismus, äußere ich nach Ansicht der ethischen Relativisten lediglich eine Präferenz, und Präferenzen sind keine Annahmen, die sowohl wahr als auch falsch sein können. Eine Verallgemeinerung dieser Argumentationslinie führt zu dem Schluss, dass alle ethischen oder politischen Einstellungen einer wissenschaftlichen Überprüfung nicht standhalten.

Trotzdem bleibt der Eindruck bestehen, dass Wertvorstellungen manchmal mit Argumenten verteidigt werden können. Und unter einer Bedingung trifft das tatsächlich zu, nämlich dann, wenn unsere guten Objekte für unsere Gegner nur deshalb schlecht erscheinen, weil sie zu wenig über diese wissen. In anderen Worten, wir können eine Ideologie dann stichhaltig verteidigen, wenn wir nachweisen können, dass sie die unbekannte Ursache, oder Auswirkung, von etwas ist, das bereits allgemein gewünscht wird.

Wenn wir zum Beispiel den Humanismus argumentativ verteidigen wollen, sollten wir zu beweisen versuchen, dass Menschen in einer humanistischen Welt im Allgemeinen glücklicher, gesünder oder seelisch reifer sind als in einer autoritären. Oder umgekehrt könnten wir zu beweisen versuchen, dass jemand seine Nachbarn wahrscheinlich desto besser versteht, sich ihnen gegenüber verantwortlicher fühlt und in seiner politischen Einstellung insgesamt humanistisch ist, je reifer und integrierter er als Person ist. Offensichtlich beruht ein derartiges Argument auf der Feststellung von Fakten und nicht auf Aussagen über Präferenzen, sodass es empirisch überprüft oder widerlegt werden kann. Da also Glück, Gesundheit und seelische Reife bereits ein wünschenswertes Gut sind, stellt dieses Argument eine empirische Verteidigung des Humanismus zur Verfügung.

Dieselbe Argumentationslinie, die zur Verteidigung einer Ideologie dient, rechtfertigt auch die Verteidigung oder Missachtung verschiedener gesetzlicher Vorschriften. Fast jedes Gesetz hat Folgen, von denen einige ökonomischer, andere psychologischer Natur sind. Ökonomen versuchen

---

entweder auf eine Behandlungs- und Forschungsmethode oder auf eine durch diese Methode gewonnene Ansammlung von Fakten und Theorien, die bis jetzt mehr oder weniger gut belegt sind.

die ökonomischen Konsequenzen vorherzusagen. Und da das, was sie vorhersagen, entweder erwünscht oder unerwünscht ist, sind ihre Vorhersagen eine Form der Parteinahme. Aber niemand wirft ihnen vor, unwissenschaftlich zu sein. Tatsächlich gilt es sogar als Teil ihres Jobs, solche tendenziösen Vorhersagen zu treffen. Und auf dieselbe Art und Weise fällt es uns zu, psychologische Konsequenzen eines Gesetzes vorherzusagen – insbesondere, wenn es um die seelische Gesundheit geht.

Um nun ein aktuelles Beispiel heranzuziehen: Die Art und Weise, wie Arbeit organisiert wird, wurde bislang vor allem unter ökonomischen Aspekten kontrolliert. Einige Ökonomen halten Zwang, andere die Schaffung von Anreizen für das wirkungsvollste Mittel, wenn es um die effektive Umverteilung erforderlicher Arbeiten geht. Aber meines Wissens ist diese Frage bis heute nicht sehr ernsthaft unter dem Gesichtspunkt der seelischen Gesundheit betrachtet worden. Meine Vorhersage ist, dass Zwang – insbesondere in Friedenszeiten, in denen die Menschen weniger stark mit einem nationalen Anliegen identifiziert sind – tendenziell unbewusste Phantasien über eine innere Verfolgungssituation bestätigen und verstärken wird, einen inneren Zustand, der latent mehr oder weniger ausgeprägt bei jedem von uns vorhanden ist. Wenn dies zutrifft, wäre das Endergebnis eine Zunahme typisch schizoider Gefühle, sowohl der Verfolgung als auch der Apathie.

Wir sind so daran gewöhnt, die Auswirkungen der frühkindlichen Umwelt hervorzuheben, dass wir vielleicht unterschätzen, wie sich die Umwelt des Erwachsenen auf latent schlummernde Phantasien dieser Art auswirkt. Nach meinem Eindruck können viele Menschen, die immer sehr gesund zu sein schienen, nur solange gesund bleiben, wie sie sich der Zuneigung ihrer persönlichen Umwelt sicher sein können sowie der Befriedigung durch eine Arbeit, die ihnen liegt. Ihnen diesen Rückhalt zu nehmen, könnte sie ihrer seelischen Gesundheit berauben.

Natürlich müssen nicht nur psychologische Konsequenzen dieser Art bedacht werden. Aber wenn sie meinen Vermutungen entsprächen und wenn darüber allgemein mehr bekannt wäre, könnten sie zusammen mit den ökonomischen Konsequenzen abgewogen werden, und dann käme man vielleicht zu anderen Entscheidungen.

Aber eine Parteinahme dieser Art stieße, und sei sie noch so legitim, auf dreierlei Beschränkungen: Erstens wissen wir noch immer viel zu wenig über die psychologischen Konsequenzen sozialer Veränderungen, als dass wir sie einigermaßen verlässlich vorhersagen könnten. Und selbst wenn wir dies könnten, müsste zweitens das Ausmaß, in dem diese Vorhersagen Einfluss auf die Politik nehmen könnten, davon abhängen, wie weit diese Politik durch die bewusste Antizipation ihrer Resultate bestimmt wird. Tatsächlich wissen wir, dass Politik weitgehend auf unbewussten Motiven beruht, sodass ein Mehr an Wissen über ihre *Konsequenzen*, das nicht mit einem Mehr an Wissen über ihre *Motive* einhergeht, vermutlich wenig bewirken würde. Und drittens liefe man Gefahr, sich den Patienten in Gestalt der Gesellschaft zum Gegner zu machen und ihn zu verlieren, wenn man zu parteiisch wäre.

Um der Herausforderung an die Psychologie zu begegnen, könnte deshalb eine alternative Technik, die mögliche Konsequenzen außer Acht lässt und sich auf die Analyse der Motive beschränkt, der bessere Weg sein. Es ist die Methode, die jeder Analytiker fast automatisch einnahm, wenn er sich auf das Feld der Soziologie begab. Sie unterscheidet sich in zweierlei Hinsicht von der Analyse eines Individuums: Da Bücher, Vorträge, Radiosendungen und Diskussionen das Medium sind, mit dem durch diese Methode Menschen erreicht werden, richtet sie sich extensiv an viele Individuen statt intensiv an eines allein. Und sie richtet sich nicht so sehr an deren Gesamtpersönlichkeit als vielmehr an ihre sozial wichtigsten Aspekte – die wir vielleicht als ihr politisches Ich bezeichnen könnten. Aber es ist eine Methode, die mit der Analyse eines Individuums etwas Wesentliches gemeinsam hat: Insofern sie sich auf die Analyse der Motive beschränkt, hält sie sich strikt an ethische und politische Neutralität.

Wir könnten aber, falls diese Neutralität manchmal wie ein Ausweichen wirkt, bedenken, dass es nicht darum geht, sich aus der Beteiligung an sozialen Ereignissen auszuklinken. Vielmehr sollte die Analyse der Motive eine Form der Teilhabe sein, die am ehesten Einfluss auf die Ereignisse nehmen kann. Denn nur, wenn sich das Handeln einer Gesellschaft verändert, kann sie sich ihrer Motive klarer bewusst werden. Es stimmt, dass wir mit dieser Methode auf jeglichen Versuch verzichten würden, unmittelbar die Richtung beeinflussen zu wollen, die eine gesellschaftliche Bewegung nimmt. Aber ganz nebenbei könnte dieser Verzicht sogar von Vorteil sein, da er uns erspart, über viele politische Fragen, über die wir noch zu wenig wissen – oder irrationale Vorstellungen haben –, ein Urteil abzugeben, bevor wir wirklich einen verlässlichen Ratschlag geben können. Wenn wir einem Patienten helfen wollen, seine Krankheit zu überwinden, müssen wir keine präzise Vorstellung davon haben, wie es ihm gehen wird, wenn er gesund ist, da wir sicher sein können, dass er seinen eigenen Weg zu mehr seelischer Gesundheit finden wird, wenn er gelernt hat, sich selbst besser zu verstehen. Und ähnlich könnte die Richtung, in die sich eine Gesellschaft bewegt, der wir ihre Motive stärker haben bewusst machen können, mehr im Einklang mit ihrem Wohlergehen stehen.

Wenn diese Form einer unparteiischen Analyse sozialer Motive tatsächlich oft der beste Weg ist, um den Anforderungen an die Psychologie zu begegnen, stellen wir sofort fest, dass sie sehr wohl bereits angewandt wurde. Freud selbst, Ernest Jones, Flugel und viele andere[3] haben sowohl aus psychoanalytischer Sicht als auch vor dem Hintergrund anderer Denkrichtungen zu unserem Verständnis dieser Motive beigetragen. Und in einigen Ländern haben die so gewonnenen Einsichten durchaus an Bedeutung gewonnen, allerdings zu einer Zeit, als ihr sozial-therapeutischer Einfluss von anderen Faktoren überdeckt wurde. Das Aufgeben der alten, durch Religion und Klassenzugehörigkeit gestifteten Sanktionen hat enorme – sowohl konstruktive als auch destruktive – Kräfte freigesetzt. Der darauf folgende Umbruch war weit umfassender als alle bis dahin bekannten sozialen Umwälzungen, sodass nur schwer zu erkennen war, dass sich ein weiterer Faktor auszuwirken begann – das Auftauchen einer neuen Art der Selbstwahrnehmung, zu der auch gehörte, einiges über die zuvor freigesetzten Kräfte zu wissen. Aber vielleicht hat die Verbreitung einiger neuerer psychologischer Entdeckungen bereits einen gewissen positiven Effekt, nicht nur im Bereich des Gesundheits- und des Bildungswesens, sondern auch in unserer Politik. Ich meine, dass wir uns unserer politischen Motive etwas deutlicher bewusst geworden sind und vielleicht etwas weiser in unserem politischen Verhalten, als wir es ohne diese Erkenntnisse wären.

3 Siehe S. Freud (1921, 1930), E. Jones (1923), J. Flugel (1934, 1945), P. Hopkins (1938), R. Money-Kyrle (1939).

Wenn dies zutrifft, ist es bestenfalls ein kaum wahrnehmbarer Anfang. Es bleibt noch sehr viel zu tun, wenn es darum geht, Einsichten nicht nur zu gewinnen, sondern auch zu vermitteln. Darüber hinaus scheint diese Arbeit auch dringend notwendig zu sein, wenn es nicht zu spät sein soll, neuen Rückfällen und Katastrophen vorzubeugen.

## II. Die Analyse der politischen Motive

Aus vielerlei guten Gründen könnte die politische Arena ein wunderbares Jagdrevier für jedes nur vorstellbare Motiv sein. Im Alltagsgeschehen haben wir es mit konkreten Dingen und Menschen zu tun. Über sie Bescheid zu wissen, konfrontiert uns ständig mit unserer Neigung, sie mit den Figuren aus unserer unbewussten Phantasie zu identifizieren. Unsere Gefühle für unsere Nachbarn beruhen auf einer realistischen Einschätzung ihres Charakters; dementsprechend sind sie weder ganz weiß noch ganz schwarz, unsere Loyalität ihnen gegenüber hat nichts Fanatisches, und wir haben ein gewisses Verständnis, oder auch eine gewisse Sympathie für sie, sogar für diejenigen, die Abneigung in uns auslösen. In der Politik haben wir es dagegen mit den Abstraktionen einer Nation, Partei, Klasse oder Ideologie zu tun; und nur wenig kann uns daran hindern, mit diesen Abstraktionen unsere unbewusste Phantasie zum Ausdruck zu bringen – ganz ähnlich wie ein Kind seine Spielsachen einsetzt. Das bedeutet, dass in diesem Bereich unser Denken tendenziell viel unrealistischer ist und dementsprechend unsere Passionen viel weniger zur jeweiligen Situation passen.

Einige der wichtigsten Verzerrungen lassen sich auf das Fortwirken sehr früher Denkprozesse zurückführen, die wir allmählich – vor allem dank der Pionierarbeit Melanie Kleins – besser zu verstehen lernen. Sie schließen die Prozesse ein, durch welche die frühesten Konzepte, die ein Kind von seinen Objekten bildet, dupliziert werden: als äußere und innere sowie als gute und böse Objekte.

Die intellektuelle Falle, in die alle von uns, denen die Zukunft der Gesellschaft am Herzen liegt, manchmal zu geraten drohen, entstammt der ersten dieser Duplikationen. Denn was genau meinen wir eigentlich mit dieser in Unruhe geratenen Gesellschaft, die unsere Wissenschaft herausfordert? Faktisch könnten wir darunter eine Ansammlung von Individuen verstehen, die beunruhigt sind durch die zwischen ihnen bestehenden Spannungen, zu deren Verringerung wir beitragen könnten. Gefühlsmäßig könnte es dabei allerdings um die Projektion eines guten, aber beschädigten Objekts in uns selbst gehen. Wenn diese beiden, das innere und das äußere Objekt, einander nicht weitgehend entsprechen, wird die Gesellschaft für uns etwas anderes sein als die zu ihr gehörenden Individuen; und wenn die Kluft zwischen diesen beiden Objekten groß ist, könnte es passieren, dass wir die Individuen zugunsten der Abstraktion übergehen, oder sie vielmehr in einer zwanghaften und omnipotenten Art und Weise zu kontrollieren versuchen, angeblich nur zu ihrem Besten. Im Extremfall führt diese fehlende Übereinstimmung zwischen dem inneren und dem äußeren Objekt zu dem totalitären Trugschluss, dass dem Wohl des abstrakten Staates am besten gedient ist, wenn ihm das Wohl seiner konkreten Bürger geopfert wird.

Die andere Duplizierung – in gut und böse – ist die früheste Reaktion des Säuglings auf den unerträglichen Konflikt zwischen seinen liebevollen und hasserfüllten Gefühlen, die es ein und demselben Objekt gleichzeitig entgegenbringt.[4] Aber diese Duplikation begleitet uns ein Leben lang und verzerrt unser Denken in unterschiedlichem Ausmaß. Diese Verzerrung hat zwei Aspekte: Die Symbole für gute Objekte werden idealisiert und die Symbole für böse Objekte werden entwertet.

Es ist beeindruckend zu sehen, wie weit das Bedürfnis zu idealisieren verbreitet ist. Früher war es die Religion, die ein Ideal zur Verfügung gestellt hat. Ein Leben, ohne an dieses Ideal zu glauben, war im Empfinden der Menschen unvorstellbar; wäre Gott tot, gäbe es nichts, für das es sich

4 Wie bei der grundlegenden Unterscheidung von Lust und Unlust sind wir auch daran gewöhnt, grundlegend zwischen Impulsen zu unterscheiden, die entweder auf die Vernichtung oder die Erhaltung ihrer Objekte abzielen. Es könnte eine Eigenart des Menschen, und nicht ganz so ausgeprägt aller Säugetiere, sein, dass diese gegensätzlichen Impulse sich zu Beginn des Lebens, wenn sie am wenigsten kontrollierbar sind, auf ein und dasselbe Objekt richten – die Brust der Mutter.

lohnen würde zu leben. Heute spielt ein politisches Bekenntnis oft dieselbe Rolle, und die Menschen haben das Gefühl, daran glauben zu müssen, d. h. daran, dass dieses Bekenntnis gut und lebensnotwendig ist. Und wenn dieses Bekenntnis ein Symbol für ihr gutes Objekt geworden ist, käme es einer schweren seelischen Katastrophe gleich, nicht mehr daran glauben zu können.

In Deutschland sind mir 1946 mehrere Menschen begegnet, die sich in den Fängen genau dieser Katastrophe befanden. Auch wenn es schwer zu glauben ist, hatten viele liebenswürdige und eigentlich intelligente Menschen an einen ›guten‹ Hitler geglaubt – an einen grenzenlos gütigen Messias, der Europa Frieden und Einheit bringen würde. Manche hielten an diesem Bild bis zuletzt fest, auch als längst erdrückende Beweise für das Gegenteil vorlagen. Um das Bild des Führers als eines makellosen Ideals aufrechterhalten zu können, überzeichneten sie das Versagen seiner Befehlsempfänger mit verzweifeltem Erfindungsreichtum. In diesen Fällen löste die endgültige Desillusionierung zur Zeit der Kriegsverbrecherprozesse eine tiefe Verzweiflung aus, die ungleich schlimmer war als die Trauer um den Verlust geliebter Angehöriger.

Das sind natürlich überspitzte Beispiele. Aber das Bedürfnis, an dem Glauben an ein gutes Objekt festzuhalten, findet sich mehr oder weniger ausgeprägt bei jedem von uns, wenn die Alternative wäre, mit nichts als dem bösen Objekt zurückgelassen zu werden – selbst bei einem desillusionierten Zyniker, der sich bewusst von dieser Sicht distanziert hat. Mehr noch, für viele Menschen muss dieses Objekt makellos sein, weil es kein ganz und gar gutes Objekt mehr wäre, wenn auch nur der kleinste Makel eingeräumt werden müsste. Deshalb verteidigen sie dieses Objekt gegen alle destruktiven Attacken, aber auch – und das manchmal noch inbrünstiger – gegen konstruktive Kritik. Diese Art der Idealisierung kann Objektivität in der Politik offensichtlich sehr behindern.

Das Gegenstück der Idealisierung, die Verteufelung des bösen Objekts, ist nur die andere Seite der Medaille. Das böse Objekt eignet sich nicht nur als Träger seiner eigenen Mängel, sondern auch als Auffangbecken für all die Mängel des guten Objekts. Darüber hinaus lässt sich unsere verleugnete Aggression gegenüber dem guten Objekt in ihm unterbringen. Sofern dieser Mechanismus in unser politisches Denken eingeht, sind wir unfähig, in irgendeiner anderen Lebensphilosophie etwas Gutes zu entdecken – oder irgendwelche guten Absichten bei deren Anhängern.

Ganz offenkundig beeinflusst dieser Spaltungsmechanismus die Politik der Parteien ständig. Vielleicht ist für eine demokratische Regierung das Parteiensystem die einzige praktikable Methode. Aber bei den meisten Menschen findet sich in der Idealisierung der Seite, zu der sie selbst gehören, und der Abwertung der anderen Seite etwas Unrealistisches, was es ihnen schwer macht, ein auftauchendes soziales Problem objektiv und sachgerecht zu beurteilen.

Ein Objekt in einen ideal guten und einen ideal bösen Aspekt aufzuspalten, ist vielleicht die primitivste Abwehr gegen Angst und Depression – Angst vor dem Gefühl, destruktiv verfolgt zu werden von dem, was gehasst wird, und Depression wegen des destruktiven Hasses auf etwas, das gleichzeitig geliebt wird. Aber viele weitere Abwehrmanöver kommen bald noch hinzu und sind auch später im Leben noch erkennbar – besonders in unserem politischen Denken, dessen kollektive Konzepte nicht ohne Weiteres zu den Menschen passen, die es repräsentiert.

Zu den wichtigsten Abwehrmaßnahmen gegen Verfolgungsängste gehören Projektion, Verleugnung und ein Mechanismus, den man als Umwertung (*transvaluation*) bezeichnen könnte.

Wenn die Quelle der Verfolgung letztlich im Selbst zu verorten ist, lässt sich die Angst durch Projektion mindern. Es scheint oft geradezu als Erleichterung empfunden zu werden, wenn man sich durch eine äußere Macht verfolgt fühlt – sei es eine ausländische Macht oder die eigene Regierung –, und aus diesem Grund passiert es leicht, dass das Ausmaß, in dem diese äußere Macht als feindlich oder repressiv erlebt wird, überzeichnet wird.[5]

Aber wenn die Angst vor einem äußeren Tyrannen zu groß ist, könnte ein weiterer Abwehrmechanismus wirksam werden: die Verleugnung. Dabei wird dann nicht ein geringfügiges Maß an Tyrannei überzeichnet, sondern vielmehr ein hohes Maß an Tyrannei unterschätzt. Vor dem Krieg zeigte

5 Als der Krieg begann, war es eine Erleichterung, all die bösen Objekte in unserem eigenen nationalen Ich auf die deutsche Nation zu projizieren, die sich besonders gut dafür zu eignen schien. Aber nun tauchen sie, seit der Krieg vorbei ist, erneut in unserem nationalen Ich auf und sind sowohl diffuser als auch weniger gut fassbar geworden – als würden Teile des äußeren und mittlerweile erschlagenen Drachens sich erneut materialisieren und unsere Gesellschaft durchdringen.

sich dies sehr deutlich, als es einer Mehrheit der Menschen nicht nur in diesem Land, sondern viel ausgeprägter noch in Deutschland gelang, sich in der Überzeugung zu wiegen, dass Hitler keineswegs so rücksichtslos und bösartig war, wie er wirkte.

Diese Verleugnung findet gewissermaßen auf halber Strecke in Richtung der Abwehr mittels Inversion oder Umwertung statt, durch die der gefürchtete Verfolger zu einer fanatisch bewunderten Person wird. Der Naziterror nutzte diese Abwehrform aus, sodass aus vielen Sozialdemokraten glühende Verehrer Hitlers wurden, ganz ähnlich wie wenn ein kleiner Junge sich unter dem Druck der Angst vor seinem Vater von seiner Mutter abwendet und möglicherweise ein sadistisches Vaterbild zu seinem Ideal macht. Tatsächlich scheinen Umwertungen dieser Art, die in den patriarchal strukturierten deutschen Familien besonders häufig vorkamen, oft den Weg für spätere politische Umwertungen gebahnt zu haben. Henry Dicks hat auf die Bedeutung dieser Faktoren für die Entwicklung des faschistischen Charakters hingewiesen.

Um nun von der Verfolgungsangst zur Depression überzugehen, so zeigen sich in ihr Abwehrmaßnahmen, die vielleicht zu einer etwas späteren Entwicklungsphase gehören, da Depression die Vorstellung eines ganzen Objekts voraussetzt, das zugleich geliebt und gehasst wird. Depressive Trauer- oder Schuldgefühle – die beiden Worte sind fast synonym – wecken den Impuls zur Wiedergutmachung, der ein so wichtiger Faktor für jegliche Form von Kreativität ist. Aber wenn der in der Phantasie angerichtete Schaden zu groß ist und es wenig Zuversicht gibt, ihn wiedergutmachen zu können, werden die Schuldgefühle unerträglich und müssen auf andere Weise bewältigt werden. Geschieht dies durch Verleugnung und Projektion, entsteht ein selbstgerechter und vorwurfsvoller Charakter, der sich ständig im Recht fühlt und die Unzulänglichkeiten Anderer überzeichnet.

Nun scheint dieser Charakterzug, wie so viele andere, in unserem – wie man es vielleicht nennen könnte – politischen Ich viel ausgeprägter zu sein als in unserem individuellen Ich. Selbst Menschen, die in ihrem Privatleben normalerweise sowohl bescheiden als auch aufs Gemeinwohl bedacht und ihren Feinden gegenüber nachsichtig sind, fällt es sehr schwer, an der Partei oder der Nation, mit der sie sich identifizieren, Kritik zu üben, während sie in der moralischen Verurteilung ihrer Gegner unversöhnlich sein können.

Welche Auswirkung die Verleugnung und Projektion der Schuld auf die Verschärfung aller nationalen und politischen Animositäten hat, lässt sich wohl kaum hoch genug einschätzen. Besonders deutlich ließ sich dies in Deutschland beobachten, wo das Bedürfnis, die Schuld am Ersten Weltkrieg von sich zu weisen, eine der Hauptursachen für den Zweiten Weltkrieg war; und wir sehen es immer noch in dem erbarmungslosen Hass, mit dem in Deutschland diejenigen, auf die die gesamte Schuld am Dritten Reich projiziert wurde, von ihren Mitbürgern verfolgt werden. Schwieriger zu erkennen ist für uns, wie derselbe Mechanismus – wenn auch weniger ausgeprägt – unsere Einstellung gegenüber Deutschland nach seinen beiden Niederlagen beeinflusst hat. In keinem der Länder wollten die Menschen den Krieg; aber während die Deutschen vieles wollten, was den Krieg unausweichlich werden ließ, wollten die Briten nicht die Verantwortung für Maßnahmen übernehmen, die ihn vielleicht verhindert hätten. Deshalb fühlen sich beide Nationen unbewusst schuldig – die einen mehr, weil sie ihn zugelassen, die anderen, weil sie ihn nicht verhindert haben –, was sie verleugnen und auf den Anderen projizieren. Und diese Tatsache macht es für jeden der Beteiligten noch schwerer, sich seinen Anteil bewusst zu machen.

Sowohl im Bereich der Politik als auch im individuellen Bereich sind diejenigen, die ihren Anteil an einer Schuld nicht zugeben können, nie fähig, ihren Feinden zu vergeben. Und umgekehrt fällt es denjenigen, denen nie vergeben wird, noch schwerer, sich ihre Schuld bewusst zu machen. Daher ist die Verleugnung und Projektion der Schuld einer der Hauptfaktoren für nationale und politische Rachsucht und damit für das Beibehalten aller Feindschaften.

Eine weitere Folge der Verleugnung der kollektiven Schuld ist politische Kaltschnäuzigkeit. In fast jeder Tyrannei steht das Opfer tendenziell für ein verfolgtes gutes Objekt, das für unser Empfinden verteidigt werden sollte. Wenn wir dazu nicht willens oder gar nicht in der Lage sind, entstehen unweigerlich Schuldgefühle, und wenn wir diese verleugnen, schieben wir dem Opfer nur noch mehr die Verantwortung an seinem Unglück zu, was uns seinem Schicksal gegenüber gleichgültig werden lässt. Daher können selbst Menschen, die eigentlich nicht rachsüchtig sind, ein erhebliches Maß an Gleichgültigkeit gegenüber dem Schicksal von Menschen an den Tag legen, die, seien es Individuen oder Minderheiten, anderswo das Opfer legalisierter Verfolgung sind.

## III. Die sozialen Effekte der Analyse

Es gibt natürlich noch viel mehr Varianten der Art und Weise, wie das Unbewusste das politische Denken, Empfinden und Handeln der Menschen beeinflussen kann. Manchmal liegt dieser Einfluss ziemlich nahe an der Oberfläche und wird bereits weitgehend erkannt. Manchmal liegt er viel tiefer und wird noch jahrelang nicht verstanden werden. Es besteht sogar die Gefahr, dass diese neue Bewegung des Entdeckens und Aufklärens auf die Probe gestellt wird, noch bevor sie Zeit gehabt hat, sich zu entfalten, falls es wieder zu einer dieser psychotischen Episoden kommt, für die Deutschland das jüngste und schrecklichste Beispiel geliefert hat. Aber vielleicht können wir hoffen, dass die Gesellschaft dabei bleibt, sich ihre Motive allmählich deutlicher bewusst zu machen und dann zu untersuchen, wie sich ihre wachsende Einsicht auf das politische Leben auswirken könnte.

Vielleicht hilft es, zunächst zwischen zwei verschiedenen Formen einer politischen Spaltung zu unterscheiden: der Kluft zwischen verschiedenen politischen Parteien und der Kluft zwischen unterschiedlichen Formen des politischen Gewissens. Für unsere Überlegungen ist die zweite Kluft ungleich wichtiger. In allen Parteien findet man Individuen, die sich drei gut erkennbaren Typen zuordnen lassen, die ich aus Gründen größerer Klarheit etwas überspitzt einander gegenüberstellen möchte: die Egoisten, die Autoritären und die Humanisten. An den politischen Egoisten fällt auf, dass sie anscheinend gar kein Gewissen haben. Sie interessieren sich wenig für Ideologien und wenn, dann nur, falls diese, im positiven Fall, ihrem Eigeninteresse entsprechen, oder, im negativen Fall, zu ihren Animositäten und ihrer Gehässigkeit passen. Die Autoritären haben rigide Prinzipien, an denen sie aus Gehorsam gegenüber ihrem Kodex oder ihrer Partei unnachgiebig festhalten, und im Dienst dieser Prinzipien verhalten sie sich völlig gefühllos. Den Humanisten fehlt es weder an Eigeninteresse noch an Prinzipien; charakteristisch für sie ist aber eine gewisse Wärme und Verständnis für ihre Mitmenschen sowie die Fähigkeit, sich durch Leiden und Ungerechtigkeit zutiefst berühren zu lassen. In ihrer Opposition gegenüber einer Tyrannei können sie mutig sein, sie sind jedoch nie rachsüchtig.

Würden Vertreter dieser drei Typen einer Charakteranalyse unterzogen, würde sich herausstellen, dass der exzessive Egoismus der ersten Gruppe zum Teil eine Reaktion auf Angst und nur durch die Verleugnung massiver depressiver Schuldgefühle möglich ist. Der Egoist ist gierig, weil er Angst hat und sich wegen der potenziellen Destruktivität seiner rücksichtslosen Gier schuldig fühlt. Aber weil er seine Angst mehr fürchtet als seine Schuldgefühle, ist es die Gier, die ihm bewusst wird, während die Schuldgefühle verleugnet werden. Auch beim Autoritären ließen sich viele unbewusste Schuldgefühle finden. Aber es würde sich herausstellen, dass der entscheidende Faktor für sein Erscheinungsbild ein Übermaß an Verfolgungsangst ist, die ihn dazu bringt, sich einem tyrannischen Über-Ich zu unterwerfen. Auch bei ihm gewinnt die Angst die Oberhand. Er verleugnet seine Schuldgefühle und ersetzt sie anscheinend durch Gefühllosigkeit, nachdem er alle guten Objekte aufgegeben hat, weil deren Wohlergehen nicht mit dem kategorischen Imperativ seines Über-Ichs zu vereinbaren ist. Beim Typus des Humanisten würden wir vielleicht ein paar geringfügige Verzerrungen seines Denkens von der Art feststellen, wie sie hier diskutiert wurde, aber sehr viel weniger ausgeprägte Verfolgungsängste und eine sehr viel geringere Verleugnung von Schuldgefühlen. Würden tatsächlich alle drei Typen erfolgreich analysiert, dann würde sich beim Humanisten am wenigsten verändern, während die Charaktere der anderen beiden Typen sich tendenziell in seine Richtung verändern würden.

Wir können nicht von der Hoffnung ausgehen, dass die uns zugänglichen Methoden einer Analyse der Gesellschaft – Bücher, Radiosendungen oder Gruppendiskussionen – vergleichbare Resultate erbringen würden. Aber wir können zumindest erwarten, dass nicht wenige Menschen sich ein Stück weit in diese Richtung bewegen werden.

Anders als die Utopisten gehofft haben, wäre es keine Bewegung hin zu einer universellen Eintracht. Die Menschen werden immer miteinander rivalisieren, sowohl aus egoistischen Gründen um den Besitz derselben guten Objekte als auch aus altruistischen (moralischen) Motiven zur Verteidigung unterschiedlicher Objekte. Und aus diesen Gründen werden sie sich immer in verschiedenartigen politischen Parteien zusammenschließen. Aber wir sollten erwarten, dass diese Konflikte mit einem konsequenteren Realismus ausgetragen werden. Und wir sollten auch erwarten können, dass das politische Gewissen der rivalisierenden Parteien erheblich humanistischer wird.

*Aus dem Englischen übersetzt von Antje Vaihinger*

## Literatur


Freud, S. (1921c), Massenpsychologie und Ich-Analyse. *GW 13*, 71–161.

Freud, S. (1930a), Das Unbehagen in der Kultur. *GW 14*, 419–506.

Jones, E. (1923), *Essays in Applied Psycho-Analysis.* London: Hogarth.

Flügel, J. (1934), *Men and their Motives.* London: Kegan Paul, Trench, Trubner & Co.

Flügel, J. (1945), *Man, Morals and Society.* London: Duckworth.

Hopkins, P. (1938), *The Psychology of Social Movements. A Psycho-Analytic View of Society.* London: George Allen & Unwin Ltd.

Money-Kyrle, R. (1939), *Superstition and Society.* London: Hogarth.

# Einführung zu Kapitel 5

*Anmerkungen zu Staat und Charakter in Deutschland* zeugt von einem eindrücklichen Projekt der Briten, einen Beitrag zur Demokratisierung der deutschen Gesellschaft im Rahmen der Entnazifizierung nach dem militärischen Sieg 1945 zu leisten. Es stellte in gewisser Weise eine Form angewandter Psychoanalyse dar, in dem man auf deren Erkenntnisse aufbaute, dass frühe Kindheitserfahrungen im Umgang mit Konflikten den Charakter prägen. Bereits während des Krieges ging man der Frage nach, was im deutschen Charakter, welche Persönlichkeitszüge die Deutschen anfällig für den Nationalsozialismus machten. Die Überlegung war, eine Ideologie sei umso attraktiver, je mehr sie den unbewussten Bedürfnissystemen der Individuen entspricht. Henry Dicks, der als deutschsprechender Psychiater im Dienste der Armee auch zur Begutachtung von Rudolf Hess hinzugezogen wurde, beschäftigte sich deshalb mit deutschen Kriegsgefangenen, versuchte zu erfassen, was die verschiedenen Abstufungen fanatischer Anhänger von Regimegegnern unterschied. Man fand u. a. eine deutlichere Ausprägung von Sadismus, autoritärer Identifikation, Zärtlichkeitstabu, Projektion, Entwertung von Frauen, Männlichkeitskult, Militarismus und Unterordnung, die eine Prädisposition begründeten, und suchte zu erfassen, wie sie wohl in einschlägigen Familienstrukturen ihren Ursprung hatte.

Die Idee war nun, als es um den Aufbau einer neuen Verwaltung in der britischen Zone nach dem Krieg ging, Führungspositionen nicht solchen autoritären Charakteren anzuvertrauen. Man hoffte, eine »Gesundung«, d. h. Integration der Gesellschaft dadurch zu befördern, wenn stattdessen Personen die Verantwortung im Sinne einer pluralistischen Gesellschaft übernehmen und damit ein anderes Staatsverständnis verkörperten. Letzteres würde, so der Gedanke, längerfristig auch das familiäre Klima bestimmen. Der German *Personnel Research Branch* hatte Bewerber zum einen entsprechend zu evaluieren, zum anderen sollte aber die im Krieg begonnene Forschung fortgesetzt werden. Die vorliegende Arbeit Roger

Money-Kyrles konzentriert sich nicht auf einzelne Persönlichkeitszüge, sondern thematisiert das zentrale Element, das uns bei der Auseinandersetzung mit der Zeit des Nationalsozialismus beschäftigen muss: Was war mit dem Gewissen der Deutschen?

Über die vielen Gespräche mit deutschen Bewerbern kristallisierten sich für Money-Kyrle zwei grundsätzlich verschiedene Qualitäten von Über-Ich-Strukturen heraus, die er idealtypisch charakterisiert: den einen, wesentlich häufiger anzutreffenden Typ bezeichnet er als autoritär, den anderen als humanistisch. Ersterer forderte gewissenhafte Pflichterfüllung, einen bedingungslosen Gehorsam gegenüber Autoritäten. Schuldig fühlten sich deren Vertreter, wenn sie in sich einen Widerstand gegen die zum Beispiel grausamen Handlungen der herrschenden Autoritätsfiguren spürten. Dann fühlten sie sich schlecht und verurteilten sich dafür. Im Gegensatz dazu fühlten sich diejenigen, deren Über-Ich-Struktur Money-Kyrle als humanistisch benannte, dann schuldig, wenn sie den Machenschaften nicht genügend entgegensetzten. Diese Menschen waren freier, zu eigenen Einschätzungen zu stehen, reagierten bekümmert und verzweifelt angesichts des Leids, das Anderen widerfuhr.

Money-Kyrle baute in dieser Konzeptualisierung auf die Erkenntnisse Melanie Kleins aus ihren Kinderanalysen, nach denen es zunächst überaus strenge, angsteinflößende Über-Ich-Figuren gibt, die in phantastischer Weise bedrohlich verurteilend erlebt werden. Man versucht sie deshalb loszuwerden, indem man sie projiziert, sucht sie zu besänftigen durch Unterwerfung und identifiziert sich zeitweise mit ihnen. In der weiteren Entwicklung findet eine Reifung und Modifikation dieser ursprünglichen Schreckensfiguren statt, indem sie in Wechselwirkung mit dem Erleben der realen Bezugspersonen treten, die – wenn es gutgeht – eine realistischere und differenziertere Sicht und Beurteilung der Verfasstheiten haben.

Die Schilderungen der Kindheit von den Bewerbern, bei denen er ein autoritäres Gewissen ausmachte, waren nun dergestalt, dass sie von einem großen Respekt vor den Vätern geprägt waren, die allein das Sagen hatten und denen sich auch die Mütter unterwarfen. Dadurch – so die Überlegung – war eine Modifizierung des frühen strengen Über-Ichs nur bedingt möglich und im Zweifelsfall dominierte die frühe Form, der man sich im Äußeren wie im Inneren unterwarf – wie früher dem Vater, jetzt dem Staat. Die Berichte derjenigen mit einem humanistischen Gewissen wiesen hingegen auf Eltern hin, die ihre Kinder freier und gleichberechtigter erzogen und es somit eine größere Chance gab, dass sich reifere Über-Ich-Strukturen im Sinne eines Elternpaares festigen und eigene Verantwortlichkeit gelebt werden konnte.

Noch bleibt zu erklären, wie – immer idealtypisch gesprochen – der Charakter derjenigen beschaffen war, welche als die treibenden Kräfte fungierten. War man zunächst davon ausgegangen, dass die Faschisten oder Nazis eine Ausformung des autoritären Typs darstellten, so kam Money-Kyrle aufgrund seiner Begegnungen zu dem Schluss, dass sie sich qualitativ nochmals unterschieden. Begründet sah er den faschistischen Charakter in ihrer Herkunft mehrheitlich aus zerstörten Elternhäusern. Sie fielen durch das Fehlen von Schuldgefühlen auf. In diesem Aufsatz geht Money-Kyrle nicht näher auf sie ein; aber er hat offensichtlich Menschen mit Borderline-Strukturen im Blick, die über manische Erregung und gewaltsame Idealisierung von Grausamem und Perversem funktionieren.

Menschen mit autoritärem Charakter kommen an der Stelle wieder verhängnisvoll ins Spiel, an der sie eben auch Faschisten als Autoritäten ansehen. Und da wir alle in uns auch noch in der Tiefe Reste von strengen Über-Ich-Figuren haben, bilden diese ggf. das Einfallstor für eine entsprechende Gefolgschaft auch von Menschen, die in anderen Gesellschaftsstrukturen dafür nicht so anfällig wären. Und je länger eine solche Gefolgschaft andauert, desto eher ist auch eine entsprechende Umformung des Charakters zu befürchten, die dann schwer wieder zu verändern ist.

Money-Kyrle verwendet seine Beobachtungen, um modellhaft Zusammenhänge darzulegen, aus denen wiederum Maßnahmen abzuleiten sind, wie Veränderungen längerfristig zu bewirken wären. Er zeichnet in diesem Beitrag, der in einem Band zu Ehren des analytischen Anthropologen Geza Roheim erschien, die Verbindung eines als zentral erachteten Zugs des »Vater Staats« in Deutschland bzw. Preußen in den vorangegangenen ca. 200 Jahren als Grundlage für die Ausbildung eines »deutschen« Charakters nach. Dieser, so die Argumentation, war ein Baustein, wie es zur Verwirklichung des Zivilisationsbruchs durch das nationalsozialistische Deutschland kommen konnte. Zugleich ist klar, vergleichbare Wirkzusammenhänge, wie sie mit Hilfe des Modells gefasst wurden, kann es in Variation auch in anderen Kontexten geben, sie sind nicht prinzipiell an eine spezifische Nation gebunden. Bezüglich der konkreten Situation in Deutschland liefert das Modell auch eine Erklärung, warum die Weimarer Republik mit ihrem demokratischen Staatsverständnis dies nicht verhindern konnte. Nach dem Modell reichen zwölf Jahre nicht aus, um den Charakter so zu prägen, dass nicht in Krisen wieder in einer autoritären Figur die Rettung gesehen wird.

In seinem Postskriptum zeigt er darüber hinaus auf, wie ein kollektives Schuldbewusstsein fassbar war und wie wichtig es für die Entwicklung hin zu einem demokratischen Deutschland war, die konstruktiven Impulse einzubinden. Auf dem Hintergrund von Melanie Kleins Konzept der Wiedergutmachung sah er darin einen Umgang mit der Schuld, die dazu beitragen konnte, dem oben angedeuteten Teufelskreis von streng verurteilenden Über-Ich-Figuren, die keinen Raum für eine Bewegung hin zu einer Entwicklung erlauben, entgegenzuwirken.

Das Projekt, aus dem dieser Artikel hervorging, wurde nach wenigen Monaten eingestellt. Die Realitäten, mit denen umzugehen war, erforderten andere Prioritäten. Im Rahmen einer Aufarbeitung der zum Zeitpunkt der Herausgabe dieses Bandes nur begrenzt zugänglichen Archivunterlagen wird darüber noch ausführlicher zu berichten sein. Im gleichen Zeitraum beschäftigten sich auch andere, u.a. zum Beispiel Adorno in den USA, mit Fragen des autoritären und faschistischen Charakters. Im Gegensatz zu seinen Ausführungen wurden die hier jetzt wieder vorgelegten wenig rezipiert, obwohl sie doch – bei aller Vereinfachung und Reduktion – einen durchaus fruchtbaren Ansatz in die Diskussion einbrachten.

*Claudia Frank*

## Literatur

Adorno, Th. W. et al. (1997 [1950]): The Authoritarian Personality. In: Ders.: *G. S.,* Bd. 9, 143–508.

Adorno, Th. W. (1997 [1951]): Freudian Theory and the Pattern of Fascist Propaganda. In: Ders.: *G. S.,* Bd. 8, 408–433.

Dicks, H. V. (1950): Personality Traits and National Socialist Ideology. A war-time study of German Prisoners of War. In: *Human Relations* 3, 111–154.

Pick, D. (2012): *The Pursuit of the Nazi Mind: Hitler, Hess and the Analysts*. Oxford University Press.

Pick, D. (2012): »Die Nazi-Seele im Visier?«: Zum Einsatz der Psychoanalyse im Kampf der Alliierten gegen Hitler-Deutschland. *Jahrbuch der Psychoanalyse* 64:13–40.

# Kapitel 5

# Anmerkungen zu Staat und Charakter in Deutschland

*Einführende Bemerkung [1978]*
Wenn dieser Aufsatz heute noch von Interesse sein kann, dann wahrscheinlich als Spiegel einer bestimmten Haltung von Menschen wie mir unmittelbar nach dem Ende des Zweiten Weltkriegs. Ich selbst bin inzwischen allerdings der Meinung, dass die hier von mir vorgenommene Darstellung aufgrund der selektiven Betrachtung nur einiger weniger Determinanten und der Vernachlässigung einer Unzahl anderer unbekannter zu vereinfachend ist, um eine verlässliche Richtschnur sein zu können.

## Einleitung

Da die folgenden Überlegungen auf meiner »Feldforschung« im Deutschland des Jahres 1946 aufbauen, mögen sie heute, 1951, nur mehr von akademischem Interesse sein. Nach meinem Dafürhalten aber sollten die Ergebnisse solcher Arbeiten, so unvollständig und selektiv sie auch sein mögen, dokumentiert werden und zwar aus dem Blickwinkel, aus dem sie einst gewonnen wurden. Andererseits meine ich aber auch, dass solche Ergebnisse auch auf die verschiedenen praktischen Probleme, die seitdem aufgetreten sind, bezogen werden sollten, weshalb ich diesen Ausführungen ein Postskriptum hinzugefügt habe.

Charakter, das ist wohlbekannt, ist ein Produkt des Zusammenspiels von Vererbung und Umwelt. Vor den psychoanalytischen Entdeckungen Freuds wurden allerdings von den Umwelteinflüssen allein das Vorbild und der vorsätzliche Druck von Seiten der Eltern, Lehrer oder Kameraden berücksichtigt und da diese oftmals nicht zu den erwarteten oder erwünschten Ergebnissen führten, wurde die relative Bedeutsamkeit erblicher Faktoren (die immer postuliert werden konnte und sei es nur als über lange Zeit inaktiver und nun wiedererwachter Zug) stark überbetont. Erst Freud entdeckte den enormen Einfluss vergessener Erfahrungen der frühen Kindheit – Erfahrungen, die Erbe und Erziehung bei Weitem überwiegen.

Roheim war der erste, der diese Freud'sche Entdeckung auf die Anthropologie bezog. Wenn der spezifische Charakter eines Einzelnen größtenteils das Ergebnis spezifischer Kindheitserfahrungen ist, so ist es gut denkbar, dass der typische Charakter eines Volkes – der vordem als Sache der Rasse oder Vererbung abgetan worden war – das Resultat bestimmter typischer Kindheitserfahrungen ist. Ob Roheim von einer solchen Hypothese ausging, als er mit seiner Feldforschung in Australien begann, oder ob sie sich ihm angesichts der dortigen Homogenität von Charakter und Kindheitserfahrung aufdrängte – in jedem Fall war er der erste, der sie anhand detaillierter Beobachtungen in verschiedenen Kulturen verifizierte.

Auf Roheims Arbeiten folgten, direkt oder indirekt von ihm beeinflusst, eine Reihe weiterer anthropologischer Studien – wie die von Margaret Mead und Ruth Benedict –, die die frühkindliche Umwelt mit dem allgemeinen Charakter und den gängigen Verhaltensmustern einer Kultur in Zusammenhang brachten. So wurde binnen Kurzem die alte Vorstellung des sogenannten rassischen Charakters, das heißt angeborener ethnischer Anlagen wie dem Haartyp oder der Hautfarbe, durch das neuere Konzept eines »gesellschaftlichen« Charakters verdrängt oder sogar ersetzt, der sich aus der Gesamtheit der Verhaltensmuster und insbesondere der die Kinder betreffenden Regelungen einer Kultur ergibt.

Beim Ausbruch des Zweiten Weltkriegs hatte sich diese neuere Sichtweise in der Soziologie bereits größtenteils durchgesetzt und beeinflusste die Haltung der demokratischen Westmächte gegenüber Deutschland.[1] Zweimal in einer Generation schien Deutschland friedliebenden und sogar pazifistischen Nachbarn einen Krieg aufgezwungen zu haben, und das praktische

1 Der Einfluss der gesellschaftlichen Umwelt mag als Reaktion auf den extremen Rassismus der nationalsozialistischen Ideologie sogar überbetont worden sein.

Problem bestand am Ende beider Weltkriege darin sicherzustellen, dass es dies nicht noch einmal tun würde. Eigentlich war dieses Problem natürlich zweiteilig, denn es hätte sowohl die Frage miteinschließen müssen: »Warum haben die pazifistischen Demokratien den Angriff Deutschlands erlaubt oder sogar provoziert?«, als auch die Frage: »Warum hat Deutschland angegriffen?« Obgleich vereinzelt Selbstkritik laut wurde, war es doch die zweite Frage und also die Kritik an anderen, die die Demokratien vor allem beschäftigte. Zur Zeit des Ersten Weltkriegs gab es zwei vorherrschende Theorien – eine plump biologische und eine andere nicht weniger plump soziologische –, die die deutsche Angriffslust entweder einem tatarischen Charakterzug, der sich seit Attilas Zeiten gehalten haben sollte, oder den feudalen und autokratischen Institutionen zuschrieb. Beide Theorien erfreuen sich immer noch einiger öffentlicher Unterstützung; doch schon als der Zweite Weltkrieg ausbrach, begannen die Soziologen, die immer zur soziologischen Version geneigt hatten, ihre Theorie auf etwas weniger plumpe Weise auszuarbeiten. Sie glaubten immer noch, dass deutsche Institutionen den deutschen Charakter beeinflusst hätten, aber sie waren nicht mehr der Meinung, dass eine einfache Veränderung der Institutionen eine unmittelbare Änderung des Charakters bewirken würde. Denn inzwischen war man zu einer angemessenen Beurteilung der Bedeutung der frühkindlichen Umwelt gelangt, und der Einfluss von Institutionen auf Erwachsene wurde nicht länger als direkt und unmittelbar, sondern als indirekt und – über die Beeinflussung der Gestaltung von Familie und Zuhause – infolgedessen als allmählich aufgefasst.

Das führt mich zur Arbeit einer Abteilung der britischen Kontrollkommission, der *German Personnel Research Branch* [Deutschen Personalforschungsabteilung], die 1946 in Deutschland tätig war. Ihre Existenz verdankte diese Abteilung der Weitsicht und Tatkraft von Professor Henry Dicks, der sie zur Erprobung und Entwicklung von Gesellschaftstheorien sowie deren Anwendung nutzte. Wie schon ihr Name sagt, sollte sich die Abteilung mit der Erforschung des Wesens und Ursprungs des Charakters in Deutschland beschäftigen. Darüber hinaus aber musste sie natürlich auch eine praktische Funktion erfüllen, über die einige Worte verloren werden sollten, bevor ihre eigentliche wissenschaftliche Arbeit näher betrachtet werden kann.

Die Abteilung bestand aus zwei Unterabteilungen, von denen sich eine mit Bevölkerungsumfragen befasste, während die andere sich der Beurteilung und Empfehlung einzelner Deutscher widmete, die in der von den Alliierten neu zusammengestellten Verwaltung höhere Posten bekleiden sollten. Obwohl sich die beiden Unterabteilungen also im Hinblick auf die Forschung gut ergänzten, hatten sie unterschiedliche praktische Funktionen zu erfüllen: Aufgabe der mit Beurteilungen befassten Abteilung war, Personen mit »demokratischem« Charakter den Vorzug vor solchen mit »faschistischem« Charakter zu geben.

Bereits die Benennung dieser Aufgabe verweist auf ein Thema von solcher Wichtigkeit, dass es nicht einfach unkommentiert übergangen werden kann: Es geht um den Unterschied zwischen dem vorherrschenden anthropologischen und dem psychoanalytischen Begriff der Norm. Aus Sicht der Anthropologie ist jemand normal, der gut an die Gesellschaft, in der er lebt, angepasst ist, was bedeutet, dass eine Person in einer Gesellschaft als normal und in einer anderen als abnormal gelten kann. Außerdem folgt hieraus, dass von Graden der Normalität in verschiedenen Gesellschaften zu sprechen völlig sinnlos wäre – außer unter Bezugnahme auf einen rein willkürlichen Maßstab. Übersetzt in solche Begriffe ließe sich die Aufgabe der Abteilung zur Beurteilung der potenziellen neuen Führungskräfte als die Ersetzung von Beamten, die vielleicht im Hinblick auf die Kultur, in der sie arbeiteten, »normal« waren, durch solche, die in einer ganz anderen Kultur »normal« waren, beschreiben. Solange allerdings keine unabhängigen Maßstäbe für die Beurteilung solch unterschiedlicher Normen zur Verfügung stehen, muss eine solche Ersetzung gänzlich willkürlich erscheinen – so willkürlich wie beispielsweise die Ersetzung von Medizinmännern durch Baptistenpfarrer oder übrigens auch die Ersetzung von Baptistenpfarrern durch Medizinmänner.

Folgt man aber einem psychoanalytischen Konzept eines normalen Individuums, so ändert sich auch die Analogie. Zwar ist das psychoanalytische Konzept zugegebenermaßen nicht einfach zu definieren, aber wenigstens bezieht es sich nicht auf ein an die Gesellschaft gut angepasstes Individuum; denn täte es das, so müsste man schließen, dass zum Beispiel Paranoiker in einer paranoiden Gesellschaft normal wären. Die Vorstellung psychologischer Normalität oder Gesundheit hat strukturell größere

Ähnlichkeit mit der physischen Normalität oder Gesundheit. Einen Tuberkulosekranken beispielsweise wird man auch in einer tuberkulösen Gesellschaft nicht für normal oder gesund halten und sollte dies, selbst wenn die Krankheit allgegenwärtig wäre, auch nicht tun. Was genau psychische Gesundheit ist, kann am besten ersehen werden, wenn zunächst definiert wird, was als psychische Erkrankung gilt. Eine vielleicht nicht ganz unstimmige Definition könnte lauten, dass psychische Erkrankung ein Geisteszustand ist, in dem Gefühle und manchmal auch Wahrnehmungen durch unbewusste Phantasien gestört werden. Nimmt man dies an, so lässt sich die Grundlage jeder psychischen Erkrankung mit einer hysterischen Sehstörung vergleichen, die die Wahrnehmung psychischer Realität einschränkt oder verzerrt. Dieser Definition folgend ist natürlich niemand ganz gesund – denn niemand verfügt über einen Blick oder ein Vorstellungsvermögen, das frei von blinden Flecken ist. Nichtsdestotrotz lässt sich hieraus der Grenzbegriff eines Geistes ableiten, der solchen Störungen nicht unterliegt und der als normal oder gesund oder, was das Gleiche ist, als reif im Sinne von vollständig integriert definiert werden kann. Ist man nun erst einmal so weit gekommen, wird man geneigt sein, die anthropologische Definition des Normalen als des an die Gesellschaft gut Angepassten umzukehren und statt dessen eine normale oder »gesunde« Gesellschaft als eine zu definieren, die für die Entwicklung von normalen oder »gesunden« Individuen geeignet und günstig ist.

Um fortzufahren und ohne dies hier weiter auszuführen, lässt sich ohne jeden analytischen Zweifel feststellen, dass zumindest der extrem faschistische Charakter mit seinen offensichtlich paranoiden und manischen Zügen im psychoanalytischen Sinne weniger normal ist als der eher demokratische Charakter. Denn unter jenem verstehen wir einen Charakter, der aufgrund größerer Einsicht mehr Verständnis und also Mitgefühl hat und zur Rücksichtnahme auf Andere bereit und fähig ist. Ziel der Abteilung zur Beurteilung potenzieller Führungskräfte war, zentrale Positionen der neuen Verwaltung mit Personen zu besetzen, die in diesem Sinne gesünder oder normaler waren als jene, die die Posten vordem innegehabt hatten. Damit sollte ein Beitrag zur Entwicklung einer gesünderen Gesellschaft geleistet werden; denn selbst wenn die kindliche Situation nicht beeinflusst werden konnte, so war es doch möglich, vereinzelt Nischen und

Umgebungen zu schaffen, in denen sich Normalität entwickeln konnte. Eine solche Zielsetzung mochte denjenigen, denen vor allem an der Heilung Einzelner gelegen war, wenig zusagen, denn für abgewiesene Kandidaten, die oftmals offensichtlich Behandlungen gebraucht hätten, konnte nur wenig getan werden. Gesellschaftlich gesehen aber war diese Aufgabenstellung dennoch therapeutisch und zumindest nicht willkürlich politisch. Eine bessere, wenngleich immer noch nicht perfekte Analogie wäre deshalb, die Arbeit dieser Abteilung nicht mit der Ersetzung von Medizinmännern durch Pfarrer, sondern mit der Ersetzung von sowohl Medizinmännern als auch Pfarrern durch wissenschaftlich ausgebildete Ärzte oder Lehrer zu charakterisieren.[2]

Nach dieser kurzen Rechtfertigung der praktischen Ziele der Abteilung zur Beurteilung potenzieller Führungskräfte möchte ich nun zu ihren Methoden und einigen Resultaten ihrer Forschung zurückkehren.

Ihre Methode war der Offiziersauswahl des Kriegsministeriums recht ähnlich: Es wurden die üblichen Tests angewandt, darunter auch ein langes »psychiatrisches Interview«. Letzteres wurde ursprünglich von Henry Dicks selbst durchgeführt, später dann von Lt. Col. Brangham, und als beide nach England zurückkehrten, wurde ich gebeten, ihre Arbeit fortzusetzen, was ich dann auch, zuerst allein und später mit der Hilfe von Frau Margot Hicklin, fünf Monate lang tat. Die hier vorgestellten Schlussfolgerungen basieren vor allem auf den Daten, die in diesen Interviews erhoben wurden. Dicks hatte ungefähr ein Dutzend Charakterzüge klassifiziert, auf die besonders geachtet werden sollte. Mein Interesse aber konzentrierte sich bald auf einen im Besonderen, allerdings einen, der genau genommen in die meisten anderen mit einging: die Struktur des Gewissens, oder genauer: die Strukturen zweier gegensätzlicher Typen von Gewissen.

Zunächst sollte angemerkt werden, dass die meisten unserer Kandidaten keine sehr aktiven Nazis gewesen waren (solche waren zu jener Zeit ohnehin von administrativen Tätigkeiten ausgeschlossen) und auch keinen fanatisch manischen oder paranoiden Charakter hatten, wie man ihn bei aktiven Nazis zu finden erwartete. Zum größten Teil waren es Beamte,

2 Diese Analogie wird noch passender, wenn Einsicht und Verständnis als wichtige Wissensformen angesehen werden.

die bereits vor der nationalsozialistischen Machtergreifung in ihrem Beruf hoch aufgestiegen und gut etabliert gewesen waren.

Die zwei Charaktergruppen, die ich im Folgenden beschreiben möchte, können als »Autoritäre« und »Humanisten« bezeichnet werden. Zahlenmäßig schien es mir mindestens fünf Mal mehr Autoritäre zu geben, die allesamt Züge aufwiesen, die mit dem strengsten Typ eines väterlichen Über-Ichs verbunden sind. Sie waren zwanghaft gewissenhaft und sorgfältig bei ihrer Arbeit, und ihr Pflichtgefühl gegenüber aller Autorität überwog jedwedes andere moralische Gefühl, so dass sie oft den Eindruck machten, sich überhaupt keine andere Moral vorstellen zu können als die des bedingungslosen Gehorsams. Diese Haltung wurde von einem Kandidaten anschaulich geschildert, der beschrieb, wie er unter wachsenden Schuldgefühlen gelitten hatte, weil er die zunehmend skrupellose Politik, die er unterstützen sollte und meinte, unterstützen zu müssen, in Frage gestellt und sich innerlich gegen sie aufgelehnt hatte.

Die Humanisten, eine weitaus kleinere Gruppe, waren vergleichsweise unbelastet von einem so strengen väterlichen Über-Ich und viel weniger zwanghaft mit der Frage beschäftigt, inwieweit den äußeren Repräsentanten eines solchen Über-Ichs bedingungsloser Gehorsam geschuldet sei. Aus diesem Grund konnte ihnen auch viel bewusster sein, wie sehr jene positiven Gefühle der Liebe und Sorge für ihre Nächsten – Gefühle, die wir alle haben – durch den Staat, dem sie dienten, mit Füßen getreten wurden. Sie fühlten sich schuldig, nicht weil sie seine Autorität in Frage gestellt hatten, sondern weil sie meinten, nicht genügend gegen ihn opponiert zu haben.

In den zwei Gruppen zeigten sich zwei recht verschiedene Arten von Schuldgefühl, die in ihrer Verschiedenheit betrachtet werden müssen, um die zwei Reaktionen nicht schlicht als zwei unterschiedliche äußere Repräsentanten des Über-Ichs zu verstehen, von denen einer mit einer autoritären und der andere mit einer demokratischen Ideologie verbunden wäre. Denn ein solches Verständnis ließe das Wesentliche außer Acht. Melanie Klein war die Erste, die eine überaus wichtige Unterscheidung zwischen zwei Arten von Angst einführte: einer verfolgenden und einer depressiven Angst. Zweifellos spielen beide in dem komplexen Gefühl, das wir Schuldgefühl nennen, eine Rolle; ihre Gewichtung dabei kann allerdings sehr unterschiedlich sein. Je mehr das innere Über-Ich gefürchtet wird, desto mehr gewinnt das verfolgende Element an Übermacht. Wird aber das Über-Ich weniger gefürchtet, kann das andere, das depressive Element, das zumeist dann auftaucht, wenn das Ich sich von einem Objekt des Mitgefühls und der Liebe abwendet oder es lediglich verlässt, als das stärkere Gefühl bewusst werden. Die Autoritären erfuhren, wenn sie die Anordnungen des äußeren Repräsentanten einer gefürchteten inneren Figur in Frage stellten, überwiegend eine persekutorische Schuld. Auch die Humanisten, für die Deutschland nicht weniger als für die Autoritären das »Vaterland« war, erlebten diese Schuld – allerdings in viel geringerem Ausmaß, weshalb ihnen eine andere, überwiegend depressive Schuld bewusst werden konnte, die sich aus ihrer Unfähigkeit speiste, die Opfer der Tyrannei zu beschützen.

Wie zu erwarten war, entsprachen diesen beiden Formen des Gewissens auch zwei verschiedene Arten von Elternhäusern. Abgesehen von wenigen Ausnahmen, auf die ich unten noch weiter eingehen werde, sprachen die Autoritären, die übrigens bereitwillig von ihrer Kindheit erzählten, mit übertriebenem Respekt von ihren Vätern. Sie meinten, diesen Vätern, denen sie sich, oftmals nach einem erinnerten Konflikt, alle ausnahmslos untergeordnet hatten, ihr eigenes Pflichtgefühl zu verdanken. Manchmal war es auch möglich, einen kurzen Einblick in frühere, unmittelbar ödipale Konflikte zu bekommen, nicht nur in Bezug auf den Wunsch, die Mutter zu besitzen, sondern auch von ihr vor dem häuslichen Autokraten beschützt zu werden. Solche Konflikte allerdings endeten mit einer Niederlage und der Akzeptanz, dass die Mutter nur gut war, solange sie sich unterordnete und dass der Vater immer Recht hatte. In solchen Episoden war unschwer der Prototyp eines späteren Konflikts mit der Nazi-Ideologie zu erkennen, der so oft mit dem Wunsch begann, sich auf die Seite der Unterdrückten zu stellen und mit der Überzeugung endete, dass die Unterdrückten ihre gerechte Strafe erhielten und dass der *Führer,[3] der zu gefährlich war, als dass man sich ihm hätte widersetzen können, unfehlbar sein müsse.

Die Humanisten betonten fast ausnahmslos das Atypische ihres Elternhauses: Sie berichteten von einer größeren Freiheit der Kinder und um-

3 Im Original deutsche Begriffe sind hier und im Folgenden durch vorangestellten Asteriskus gekennzeichnet. (Anm. d. Übers.)

fassenderer Gleichberechtigung von Vater und Mutter. Aus diesem Grund waren sie auch dem strengeren väterlichen Über-Ich, das der deutsche Staat darstellte, viel weniger unterworfen und auch viel weniger gezwungen, aus Angst vor Konflikten mit ihm ihr Mitgefühl für die Unterdrückten zu verdrängen. Tatsächlich waren sie reifere, integriertere und gesündere Menschen.[4]

All dies stimmte so sehr mit der psychoanalytischen Erfahrung überein, dass es kaum der Mühe wert scheint, es festzuhalten. Die einzige Überraschung bestand darin, dass es so wenige Ausnahmen zu geben schien. Da die introjizierte Vater-Imago so viel von den in sie projizierten eigenen Aggressionen des Kindes beinhaltet, hätte ich auch bei Personen, deren tatsächliche Väter liebevoll und gelassen gewesen waren, das häufigere Auftauchen eines grausamen Über-Ichs erwarten sollen. Solche Fälle fanden sich aber nur selten. Zwar muss immer auch etwas Übertreibung im Spiel gewesen sein, aber, soweit ich es überblicken konnte, war die Struktur des väterlichen Über-Ichs in seiner mit dem Ende der ödipalen Phase gewonnenen letztendlichen Form selten eine krasse Überzeichnung des tatsächlichen Vaters.

Dies soll natürlich nicht besagen, dass sich bei Menschen, deren Eltern liebe- und verständnisvoll waren, keine Relikte eines grausameren und unrealistischen Über-Ichs aus der frühesten Kindheit finden. Denn gerade das Vorhandensein solcher Relikte erklärt auch einen anderen Zusammenhang: Während der Großteil derjenigen, die autoritäre Berufe, wie beispielsweise in der Armee oder im Staatsdienst, ausübten, auch autoritäre Charaktere hatten, waren die meisten Humanisten in liberaleren und selbstständigeren Berufen beschäftigt. Zum Teil liegt dies natürlich daran, dass jeder sich seinen Beruf seinem Charakter entsprechend aussucht. Einigen aber waren ihnen unangemessene und unangenehme Berufe aufgedrängt worden, und sie schienen dadurch verändert worden zu sein. Soweit ich es überblicken konnte, gingen solche Veränderungen deutlicher in die autoritäre als in die humanistische Richtung: Jemand, der aus einem patriarchalen Elternhause

4 Eine Störung der Mechanismen von Introjektion und Projektion, die die Grundlage des Mitgefühls darstellen, kann mit einer Sehstörung verglichen werden. Diese kann allgemein oder spezifisch sein: Einsicht in und Verständnis für andere kann allgemein »kurzsichtig« oder von spezifischen »blinden Flecken« gestört sein.

stammte und später eine äußere Selbstständigkeit aufgedrängt bekam, schien dadurch nur wenig innere Freiheit gewonnen zu haben. Umgekehrt schien aber ein Gutteil solcher Freiheit und der mit ihr verbundene Humanismus jenen verloren gegangen zu sein, die sie einst besessen hatten, dann aber jahrelang unter dem Einfluss autoritärer Berufe gestanden hatten. Um diese letzte Beobachtung zu erklären, müssen wir meiner Ansicht nach drei Entwicklungsstadien annehmen, von denen nur die letzten zwei ohne tiefergehende Analyse erkannt werden können. Im ersten Stadium, das, wie Melanie Klein betonte, von allen Kindern durchlaufen wird, bildet sich durch Projektion und Reintrojektion der eigenen Aggressivität des Kindes ein Über-Ich mit vielen grausamen und recht unrealistischen Zügen. In der zweiten Phase wird dieses unrealistische Über-Ich durch ein realistischeres, das zum Großteil auf dem tatsächlichen Charakter toleranter und liebevoller Eltern basiert, weniger ersetzt als verschüttet. Im dritten Stadium wird dann das frühe und grausamere Über-Ich durch den anhaltenden Einfluss einer autoritären Umgebung wiedererweckt.

Die Entwicklungsgeschichten von Menschen, deren ursprünglicher Charakter sich durch ihre berufliche Umwelt verändert oder nicht verändert hatte, schienen mir von großer soziologischer Bedeutung zu sein, da sie über das Ausmaß Aufschluss gaben, in dem Einflüsse von außen oder von oben den Charakter verändern oder eben nicht verändern können.

Um dem Vorwurf zu entgehen, ich wollte die tatsächliche Entwicklungsgeschichte einer Nation allzu sehr vereinfachen, möchte ich meine Argumentation nun mit einem Beispiel – und zwar einem Phantasiebeispiel – illustrieren. Stellen wir uns ein einzelnes Volk vor, das in einem Zustand des stabilen Gleichgewichts mit sehr wenigen Veränderungen in Charakter oder Gesellschaftsstruktur lebt. Dieses Volk setzt sich aus zwei getrennten Kasten oder Klassen zusammen: eine große Klasse von Bauern und eine kleinere von Beamten und Militärs, die dem König treu ergeben sind. Bei den Bauern wird die wirtschaftliche und sonstige Verantwortung der Familie zu gleichen Teilen von Vater und Mutter getragen, und es fehlt weitgehend jener Glaube an eine männliche Überlegenheit, die bei den Amtsträgern so auffällig ist, bei denen das Ansehen des Vaters stärker betont und eine strengere patriarchale Disziplin strikt durchgesetzt wird. So entwickeln die Kinder der Amtsträger, wie schon ihre Väter und Großväter vor ihnen, im Allgemeinen ein strengeres väterliches Über-Ich und einen autoritären Charakter. (Aus psychoanalytischer Sicht kann man auch sagen, dass die Amtsträger weniger »normal« und »gesund« sind, nicht nur weil es unter ihnen tatsächlich mehr Neurotiker gibt, sondern auch weil sich ihr wenig mitfühlender und zwanghaft disziplinierter Charakter aus einer größeren Angst vor Verfolgung durch eine weniger realistische innere Figur entwickelt hat.) Wenn nun, wie es im Fall dieses Phantasievolkes fast ausnahmslos geschieht, die Söhne der Bauern Bauern werden und die Söhne der Beamten Beamten, so suchen und finden sie alle die Umwelt, die ihnen im Großen und Ganzen am angenehmsten ist. Dadurch wird ihr Charakter bestätigt und gefestigt und nicht verändert. Wenn sie dann heiraten, schaffen sie für ihre Kinder eine ähnliche Umwelt wie die, die sie während ihrer eigenen Kindheit genossen oder erlitten haben. So vervollständigt sich der Kreislauf, der die Stabilität ihrer Kultur bewahrt.[5]

Nun wollen wir annehmen, dass ein ungewöhnlich dynamischer und despotischer König den Thron besteigt und die Disziplin der zivilen und militärischen Beamten nicht nur verschärft, sondern auch enorm ausweitet. Was folgt, ist, dass eine Vielzahl der Bauern, die ergreifen wollen, was ihnen eine Chance zu sein scheint, sich in Berufen wiederfindet, die um einiges autoritärer angelegt sind, als es ihrem selbstständigen Charakter eigentlich entspricht. Trügen sie nun keine verschütteten Spuren des strengeren Über-Ichs in sich, so würden diese autoritäreren Berufe für sie unpassend bleiben und ihren Charakter nicht verändern. Doch solche Spuren aus der frühesten paranoiden Position der Kindheit gibt es immer und sie können wiedererweckt werden, so dass sich letztlich der Charakter verändert und solchen Berufen entspricht. Wenn auf diese Weise die Charaktere Vieler autoritärer werden, lässt sich kaum bezweifeln, dass auch die häusliche Atmosphäre, in der sie ihre Kinder aufziehen, von Verän-

5 Dass sich unter solchen Bedingungen der Charakter von Generation zu Generation überträgt, ist einleuchtend. Allerdings scheint es, von einzelnen Ausnahmen abgesehen, auch eine Tendenz zu geben, die zu Charakterschwankungen zwischen den verschiedenen Generationen einer Familie führt. Betrachtet man eine Gesellschaftsklasse als Ganze, sind solche Schwankungen kaum zu erkennen, da sie sich gegenseitig ausgleichen. Aber der Wechsel zwischen Zeiten relativen Puritanismus und Zeiten relativer Zügellosigkeit, wie er auch unsere eigene Gesellschaftsgeschichte bestimmt, ist wohl zumindest teilweise das Ergebnis solcher Schwankungen.

derungen betroffen sein und ebenfalls autoritärer werden wird. Die Kinder, die so aufwachsen, werden dann von Anfang an besser für autoritäre Berufe geeignet sein; sie werden sie erhalten oder sogar noch autoritärer gestalten. Mit einem Wort: Das ausgeglichene Kräftespiel, das bislang die gesellschaftliche Stabilität erhalten hatte, wird nicht mehr von Generation zu Generation bewahrt – der alte Kreislauf ist zu einer Helix oder Spirale geworden.

Nehmen wir nun weiter an, dass nach einigen Generationen autoritärer Entwicklung die politische Struktur des Staates sich wieder ändert und demokratisch wird, und zwar nicht aufgrund allgemeinen Drucks von unten, sondern durch äußere Einwirkungen. Sicherlich wird es dann eine Minderheit geben, der diese Veränderung gefällt. Diese Minderheit wird sich vor allem aus jenen zusammensetzen, deren Hintergrund eher humanistisch als autoritär ist und die sich dank ihres liberaleren sozialen Umfelds auch ihren humanistischen Charakter bewahren werden. Die Mehrheit aber – und insbesondere die Mehrheit der Beamten – wird sich ohne die äußere Entsprechung des strengeren, aus der Kindheit stammenden Über-Ichs verloren fühlen. Wie genau sich diese Verlorenheit äußert, wird variieren, aber in jedem Fall wird die Veränderung zu spät in ihrem Leben kommen, als dass sie noch psychisch reifen könnten. Wahrscheinlich werden sie eher neurotisch undiszipliniert erscheinen als fähig, mit Freiheit umzugehen, und bald – möglicherweise nach einer unbefriedigenden Orgie vorgetäuschter Selbstständigkeit – werden sie wieder bereit für die Rückkehr eines nichtdemokratischen Systems sein, das äußere Disziplin verlangt und bietet.

Ich möchte nicht behaupten, dass dieses Phantasiebeispiel eine exakte Parallele zu den Geschehnissen in Deutschland von der Zeit Friedrichs des Großen (oder seines Vaters) bis Hitler bietet. Noch weniger möchte ich in die Falle gehen und die Hohenzollern zum alleinigen Sündenbock machen, denn die Einflüsse, die die tatsächliche Abfolge der historischen Ereignisse bestimmten, müssen weitaus mannigfaltiger und komplizierter gewesen sein. Was ich allerdings durchaus behaupten möchte, ist, dass mein Beispiel eine ungefähre Parallele zur Wirkweise einiger der zentraleren dieser Einflusskräfte darstellt. Meine Phantasiegesellschaft kann als eine enorm vereinfachte Darstellung betrachtet werden, die einen tatsächlichen Unterschied zwischen der Klasse der Amtsträger und dem Rest der Gesellschaft Deutschlands stark betont; denn sowohl der Charakter als auch der häusliche Hintergrund dieser Klasse schien im Großen und Ganzen deutlich autoritärer zu sein als im Rest des Volkes. Es war eben diese Beamtenklasse, die sich zwischen der Zeit Friedrichs des Großen (als die Gesellschaft der Entwicklung eigenständiger und unabhängiger Humanisten wie Goethe noch wohlgesonnen war) bis zur Herrschaft Wilhelms II. unter dem direkten Einfluss des preußischen Hofes stark vergrößerte. Dass dieses Wachstum und die damit einhergehende Verschärfung der Disziplin den deutschen Charakter beeinflussten, wird durch die Fallgeschichten Einzelner nahegelegt, deren Charakter sich durch die Ausübung eines autoritären Berufs, für den sie zunächst ungeeignet schienen, veränderte und die gar nicht anders konnten, als etwas von dieser Veränderung an ihre Kinder weiterzugeben. Mein Beispiel oder Modell beschreibt eine solche Veränderung und bietet eine Erklärung dafür, warum dieser Wandel leichter herbeigeführt als rückgängig gemacht werden konnte. Es ging mir darum, eine mögliche Erklärung für etwas zu finden, wovon viele der intelligentesten deutschen Kandidaten, mit denen ich im Zuge der Beurteilung ihrer Eignung zur Arbeit in der Nachkriegsadministration sprach, überzeugt waren. Sie glaubten nämlich, dass die preußische Monarchie und das Weltbild, auf dem das preußische Staatsideal gründete, an der Bildung eines autoritären und an das autokratische System der Hohenzollern gut angepassten Charakters maßgeblich beteiligt waren. Sie meinten außerdem, dass die Unfähigkeit eines solchen Charakters, sich wiederum an den Liberalismus der Weimarer Republik anzupassen, der Wegbereiter – wenngleich nicht der Auslöser – der raschen Ausbreitung des Faschismus war. Eine solche Einschätzung, die übrigens von Apologeten und Kritikern des preußischen Systems gleichermaßen vertreten wurde, scheint plausibel und muss dennoch so lange fragwürdig bleiben, bis der Weg von der dabei angenommenen Ursache bis zu ihrem scheinbar so weit entfernten Effekt nachvollzogen wurde. Und eben dies kann mein modellartiges Beispiel leisten, indem es Verbindungen zieht und damit die Plausibilität der Annahme erhöht.

Eine schwerwiegende Einschränkung meines Modells ist allerdings, dass es die Entwicklung des faschistischen Charakters nur in Verbindung mit dem autoritären Charakter beschreiben kann. Ersterer wird oft schlicht für eine extreme Version des zweiten gehalten und auch die mit der Beurteilung deutscher Kandidaten Beauftragten erwarteten wohl Ähnliches. Aber soweit ich dies nach der Begegnung mit nur einigen wenigen beurteilen kann, entstammte der typische Faschist oder Nazi zumeist nicht einfach nur einem patriarchalen, sondern einem wirklich verstörenden oder zerstörten Elternhaus. Typischerweise ist er kurz vor dem oder während des Ersten Weltkriegs geboren und von einer Mutter aufgezogen worden, die durch die Abwesenheit ihres Mannes, der in den meisten Fällen nie mehr zurückkehrte, neurotisch geworden war. So entwickelte er eine Art Instabilität, die ihn in einer anderen Kultur vielleicht zum Verbrecher gemacht hätte – insbesondere auch wegen der damals herrschenden hohen Arbeitslosigkeit; und in gewisser Weise ist er ja auch zum Verbrecher geworden und noch dazu mit ungewöhnlicher Leichtigkeit, da die Nazis, um ihre politischen Ziele durchzusetzen, Kriminalität institutionalisierten.

Was dabei zunächst erstaunt, ist weder, dass sich so viele Menschen dieses Typs nach dem Ersten Weltkrieg entwickelt haben sollten, noch dass sie durch Arbeitslosigkeit und die Demütigung der Niederlage in die Nazi-Partei geschwemmt wurden, sondern vielmehr dass die Mehrheit, die von sich aus nicht faschistisch gewesen war, sich ihnen so leicht ergab. Dies kann allein durch das unbefriedigte Verlangen nach Führerschaft erklärt werden. Hitler sprach mit einer Autorität, die er sorgsam legitimiert hatte, und die Autoritären der alten Ordnung, denen seine Partei nicht zusagte, traten ihr nichtsdestotrotz bei und gehorchten. Darüber hinaus befriedigte Hitler noch ein anderes Begehren jener, die sich ihm freiwillig unterordneten: das Verlangen nach Teilhabe an der Macht, die durch die Identifizierung mit dem allmächtigen Staatsvater gewonnen werden konnte.

Abschließend möchte ich noch zwei Bemerkungen machen. Die erste bezieht sich auf den Einfluss einzelner Menschen, insbesondere solcher, die Hegel als *»welthistorisch« bezeichnet hat. Die höfische Geschichtsschreibung der Vergangenheit schilderte Ereignisse so, als wären sie allein durch die Handlungen von Königen, Staatsmännern und Generälen bestimmt: Diese allein waren die Akteure, und der Rest der Gesellschaft konnte keinen eigenständigen Einfluss geltend machen. Später dann begannen Historiker entgegen dieser herabsetzenden Haltung eine Gesellschaftsgeschichte und damit oft das gegenteilige Extrem zu etablieren:

Das Volk bestimmte alles; Könige, Staatsmänner und Generäle wurden zu Spielfiguren, die gezwungen oder freiwillig die latenten, aber sich entwickelnden Absichten des Volkes zum Ausdruck brachten.[6] Die Wahrheit liegt, so meine ich, irgendwo zwischen diesen beiden Extremen. Da jede sich selbst überlassene Generation dazu tendiert, die gleichen Umstände zu reproduzieren, die ihren eigenen Charakter geprägt haben, bewahrt und festigt sich der Charakter einer Nation leicht. Tritt aber ein Einzelner mit großer politischer Autorität auf den Plan, der die äußere Umwelt verändert, so kann er auch direkten Einfluss auf die Entwicklung des Charakters nehmen. Denn wenn sein Prestige so groß wie seine Macht ist, dann können seine eigenen Bestrebungen oder Ideale und ein Teil seines Charakters allgemein »introjiziert« werden. So kann er Veränderungen im Charakter der Gruppe bewirken, die Erwachsene vielleicht nur oberflächlich, aber durch diese auch ihre Familien und insbesondere ihre Kinder stark beeinflussen können.

Es wird nicht nur allgemein angenommen, sondern scheint aus psychoanalytischer Sicht sogar wahrscheinlich, dass Friedrich der Große und sein Vater einen solchen Einfluss ausübten und damit zumindest teilweise für das Überhandnehmen des autoritären Charakters in Deutschland verantwortlich waren. (Dass diese Annahme auch dazu dienen kann, einen Sündenbock für die Kriegsschuld zu finden, da sie, wie der Mythos der Erbsünde, die Schuld rückwärts in einen Urvater projiziert, tut ihrer Wahrheit keinen Abbruch.)

Trotzdem wäre es meiner Meinung nach falsch anzunehmen, dass der autoritäre Charakter Hitler zwang, den nach den Hohenzollern leer gewordenen Platz einzunehmen – dafür war er nicht geeignet. Da aber der autoritäre Charakter irgendeinen Anführer brauchte, ermöglichte er Hitler die Konsolidierung seiner Macht. In diesem Sinne, und nur in diesem Sinne, war der autoritäre Charakter verantwortlich für Hitler; und hätte Hitlers System überdauert, wäre es ihm vielleicht auch gelungen, eine weitere

6 Es ist bemerkenswert, dass diejenigen, die am vehementesten den Einfluss politischer Führer oder führender Gruppen oder Klassen auf die gesellschaftliche Entwicklung leugnen, zumeist am sorgsamsten darauf bedacht sind, das Volk von jedweder Verantwortlichkeit für gesellschaftliche Katastrophen zu entbinden. Aber das ist natürlich nur ein Beispiel für die allgemeinere Regel, dass jeder in seinen eigenen Identifizierungen befangen ist.

Charakterveränderung zu bewirken und den autoritären zum faschistischen Charakter zu wandeln. Was er aber tatsächlich erreichte, war die Zerrüttung von mehr Familien als je zuvor mit charakterologischen Mitteln, und zwar mit unabsehbaren Auswirkungen auf zukünftige Generationen. Dies allerdings sind die Folgen seines Scheiterns und nicht seiner Absichten.

Meine zweite abschließende Bemerkung bezieht sich auf die Richtung, in die sich Charakterveränderungen leichter vollziehen können. Wie ich in Deutschland am Beispiel derer beobachten konnte, die einen Beruf ausübten, der ihrem Charakter zunächst unangemessen gewesen war, gelang die Veränderung des Charakters in die autoritäre Richtung recht einfach und war aber nur schwer wieder rückgängig zu machen. Da diejenigen, deren Charakter ich vielleicht etwas zu vage als »humanistisch«, »demokratisch« oder »liberal« beschrieben habe, besser integriert, reifer und also gesünder waren, war die einfacher zu bewerkstelligende Veränderung die in Richtung Krankheit; und zweifellos gingen auch die verschiedenen, aus der umfassenden Zerrüttung des Familienlebens während der beiden Weltkriege resultierenden Veränderungen in diese Richtung. All dies ist wenig verwunderlich, da es bekanntermaßen einfacher ist, eine Verschlechterung bei vergleichsweise Gesunden herbeizuführen, indem man sie dem Stress ungünstiger Umstände aussetzt, als bereits Kranke allein durch eine Verbesserung ihrer Umwelt zu heilen. Noch einfacher ist es, durch eine Veränderung der sozialen Umwelt der Erwachsenen das häusliche Umfeld ihrer Kinder zu verschlechtern; denn machbar ist allein, ihnen zu ermöglichen oder zu verunmöglichen, günstige Elternhäuser zu schaffen – dazu zwingen kann man sie nicht.

Aus all dem folgt, dass die zwangsweise Errichtung einer »bösen« oder »schlechten«, das heißt einer für »Normale« ungeeigneten Gesellschaft die geistige Gesundheit eines Volkes verschlechtern und nach nur zwei Generationen auf einem niedrigen Gesundheitsniveau fixieren kann. Umgekehrt aber haben wir wenig Anlass zu der Annahme, dass entgegengesetzte Veränderungen mehr bewirken könnten als die langsame, mehrere Generationen überdauernde Reifung und Gesundung. Im Lauf der langen Zivilisationsgeschichte haben die geistige Gesundheit und Reife der Völker sowie die dafür günstigen politischen Strukturen viele langsame Verbesserungen erlebt, die jeweils in eine Phase hervorragender Produktivität und Leistung mündeten, auf die ein umso schnellerer Absturz folgte. Es steht zu hoffen, dass die neue Wissenschaft der psychoanalytischen Anthropologie, die Roheims Pionierarbeiten viel verdankt, uns die nötigen Erkenntnisse schenken wird, um solche Verbesserungen zu erhalten und die Wahrscheinlichkeit von Abstürzen zu verringern.

## Postskriptum

Die obige Analyse und die versuchte Herleitung einiger Aspekte des deutschen Charakters basieren, wie bereits gesagt, auf Beobachtungen, die ich 1946 in Deutschland machen konnte. Zu jener Zeit schienen sie auch einige Relevanz für ein weiteres zentrales Problem der internationalen Sicherheit zu haben. Dieses Problem bestand, ich habe es bereits anzudeuten versucht, nicht nur im Schutz unserer eigenen Gesellschaftsform gegen die mögliche Wiederverschlimmerung einer feindlichen Gesellschaft, sondern allgemeiner im Schutz einer liberal-demokratischen Gesellschaftsform, die mit all ihren Fehlern und Mängeln eine günstigere Umwelt für die Entwicklung integrierter, reifer und normaler Charaktere bot als ihr faschistischer Gegenpart. Heute aber, im Jahr 1950, kommt die Bedrohung von anderswoher, und ich kann diese Überlegungen zur Frage des deutschen Charakters nicht abschließen, ohne einige Worte über ihre Aktualität zu verlieren; insbesondere auch, weil mir das erlauben wird, diese Anmerkungen auf konstruktive Weise zu beschließen.

Um das zu erreichen, muss ich zunächst zu einer anderen Beobachtung von 1946 zurückkehren, und zwar zu der offensichtlichen Existenz eines kollektiven Schuldgefühls von ausgesprochen depressiver Art, das sich allerorten, wenn auch nur in seiner übertriebenen Verleugnung, zeigte. Dieses Schuldgefühl war selbst bei den abgebrühtesten Autoritären und Faschisten hinter einer trotzigen und leicht zum Einsturz zu bringenden Abwehr klar erkenntlich. Durch die Niederlage war es noch näher an die Oberfläche gestiegen, obwohl es keineswegs durch sie entstanden war und im Fall eines Sieges sogar stärker, wenngleich weniger bewusst, gewesen wäre. Die Tragödie solcher Männer war zweifelsohne ihr Gespür dafür, dass sie ihre ganze Aggressivität in einem trotzigen Heldentum der Verteidigung einer Sache gewidmet hatten, die sie im Grunde ihres Herzen selbst für schlecht und böse hielten. Aus diesem Grund war es für sie als Einzelne – und wahrscheinlich auch für die Zukunft ihrer Gesellschaft – oftmals von höchster therapeutischer Wichtigkeit, ihnen zu gestatten, sich am Schutz von etwas zu beteiligen, das sie sowohl bewusst als auch unbewusst für ein besseres Objekt halten konnten. Die Idee einer von außen bedrohten westlichen Kultur hatte bereits begonnen, die Rolle eines solchen besseren Objekts zu spielen, und die Vorstellung, es zu verteidigen, bot ein Ventil für unbewusste Impulse zur Wiedergutmachung. Allerdings gab es bei akuten Verzweiflungsschüben auch eine Tendenz zur Ablehnung dieser neuen Vorstellungen. Kurz gesagt: 1946 befanden sich viele Deutsche in einer depressiven Phase, die entweder von Impulsen zur konstruktiven Wiederherstellung oder, wenn dies nicht gelang, von erneuten paranoiden Attacken gegen die von ihnen verletzten Objekte abgelöst wurde. Es hängt also viel davon ab, ob und wie bald es den Deutschen erlaubt wird, sich zusammen mit anderen westlichen Nationen an der Verteidigung dieser Objekte zu beteiligen.

*Aus dem Englischen übersetzt von Luisa Banki*

# Einführung zu Kapitel 6

Money-Kyrles kurze Studie über das Vorurteil greift auf frühere Überlegungen zurück, die sich bis zu seiner Dissertation bei Moritz Schlick über die »Wirklichkeitslehre« (Money-Kyrle 1925) und seine frühe Arbeit *Belief and Representation* (Money-Kyrle 1927) zurückverfolgen lassen.

Er unterscheidet zwischen Urteilen über Tatsachen, die er Überzeugungen (*beliefs*) nennt, und Urteilen über Werte (*evaluations*). In Hinblick auf die Frage, was als Vorurteil zu bewerten ist, stellt sich aus psychoanalytischer Sicht die Frage nach »normaler« und »pathologischer« Ablehnung, d. h. was aus Sicht einer gut integrierten seelischen Verfassung abgelehnt werden kann und jener Form der Ablehnung, die auf einer verzerrten Wahrnehmung des Objekts beruht. 1959 hatte Melanie Klein ihre grundlegende Arbeit über den Neid publiziert und im Kontext dieser Überlegungen stellt Money-Kyrle die Frage nach unbewusstem Neid und dessen Abwehr als Grundlage für die verzerrte Wahrnehmung unserer Beziehungen. Er betont die Rolle von Projektionen und Spaltungsvorgängen, um sich unerwünschter Eigenschaften des Selbst zu entledigen und sie in geeigneten Zielobjekten (*targets*) unterzubringen. Auch positive Eigenschaften können auf diese Weise projiziert werden und führen zu Abhängigkeit von idealisierten Objekten, manchmal in der Absicht, unbewussten Neid nicht wahrnehmen zu müssen.

Ausführlich geht Money-Kyrle auf die Rolle des Ichideals und des Über-Ichs ein. Er argumentiert, dass gerade jene Teile des Selbst, die Scham- und Schuldgefühle hervorrufen, weil sie den Forderungen des Ichideals (Scham) oder des Über-Ich (Schuld) nicht entsprechen, besonders leicht in Anderen untergebracht werden. Dies trifft insbesondere für Gruppenprozesse zu, vor allem wenn innerhalb der Gruppe Idealisierungen und ›Gruppen-Über-Ich-Bildungen‹ wirksam werden. Weiterhin deutet Money-Kyrle einen noch nicht ausreichend verstandenen Prozess an, der dazu führt, dass einmal gebildete Überzeugungen nicht mehr überprüft und revidiert werden können. Sie verfestigen sich dann zu kohärenten Glaubenssystemen (z. B. Ideologien), deren innere Kohärenz Halt gewährt und deren Revision mit Schmerz, Verwirrung und intellektueller Panik einhergeht.

Money-Kyrle scheint hier Entwicklungen vorwegzunehmen, wie sie mehr als 30 Jahre später in John Steiners (1993) Konzept der *Psychic Retreats* oder Ronald Brittons (1998) Theorie der *Belief Systems* ausformuliert wurden. Er nennt diesen Typ von Vorurteil ›dogmatische Vorurteile‹ und nimmt an, dass die Angst vor Verwirrung (*intolerance of confusion*) nicht nur zu deren Aufrechterhaltung, sondern auch bereits zu ihrer Entstehung beiträgt. Sie seien für die Animositäten zwischen gesellschaftlichem Gruppen und Nationen vielleicht entscheidender als vordergründige Interessenskonflikte.

Money-Kyrle trug seine Überlegungen zum Vorurteil erstmals 1960 anlässlich eines *Symposion der British Psychological Society* vor. Sie gingen auch in Kapitel 5 und 6 seines 1961 veröffentlichten Werkes *Man's Picture of his World* ein und leiteten eine Phase seiner Theorieentwicklung ein, die acht Jahre später in seiner Arbeit *Cognitive Development* (Money-Kyrle 1968) einen vorläufigen Abschluss fand.

Wie er im Nachtrag zu seiner Arbeit ausführt, hatte er Gelegenheit, seine Überlegungen mit Melanie Klein und Donald Winnicott zu diskutieren, deren Argumente er hier kurz wiedergibt.

*Heinz Weiß*

## Literatur

Britton, R. (1998), *Glaube, Phantasie und psychische Realität. Psychoanalytische Erkundungen*. Stuttgart (Klett-Cotta), 2001.

Klein, M. (1957), Neid und Dankbarkeit. Eine Untersuchung unbewusster Quellen. *Ges. Schr., Bd. III*, 279–367.

Money-Kyrle, R. (1925), *Beiträge zur Wirklichkeitslehre.* Unveröffentl. Dissertation. Philosophische Fakultät der Universität Wien.

Money-Kyrle, R. (1927), Belief and Representation. Collected Papers, 1–15 (in Bd. 3 der *Ausgewählten Schriften*).

Money-Kyrle, R. (1961), *Man's Picture of His World.* London: Duckworth.

Money-Kyrle, R. (1968), *Cognitive Development. Collected Papers*, 416–433; dt.: *Kognitive Entwicklung* (in Bd. 3 der *Ausgewählten Schriften*).

Steiner, J. (1993), *Orte des seelischen Rückzugs. Pathologische Organisationen bei psychotischen, neurotischen und Borderline-Patienten.* Stuttgart (Klett-Cotta), 1998.

# Kapitel 6

# Über das Vorurteil – eine psychoanalytische Annäherung[1]

In Wörterbüchern werden unter dem Begriff Vorurteil mehrere Bedeutungen aufgeführt. Insbesondere wird es – und das ist wahrscheinlich die einzige Bedeutung, die für uns hier wichtig ist – als eine ›frühere, verfrühte oder voreilige Beurteilung‹ definiert. Damit wird wohl angedeutet, dass es sich um ein emotionales – entweder positives oder negatives – Urteil handelt und dass es, auch wenn es nicht unbedingt falsch sein muss, auf fehlerhaftem Argumentieren beruht, sodass es sehr wahrscheinlich weniger zutreffend ist als eine Einschätzung, die nicht von einem Vorurteil ausgeht.

Das klingt zunächst nach einer klaren Vorstellung. Aber meines Erachtens könnte sie durchaus Verwirrung stiften, da sie zwei unterschiedliche Formen der Beurteilung miteinander vermischt: die Beurteilung von Fakten, die ich als Überzeugung bezeichne, und ein Urteil über Werte, also Evaluationen.

Nimmt man zum Beispiel den Fall einer rassistisch begründeten Antipathie, könnte man sich fragen, unter welchen Bedingungen sie, genau genommen, als Vorurteil zu bezeichnen wäre. Offensichtlich fließen beide Formen der Beurteilung mit ein, da es um die Überzeugung geht, dass eine bestimmte Rasse bestimmte Eigenschaften hat und dass diese Eigenschaften negativ zu bewerten sind – sie rufen also Abneigung hervor. Wollte man nun entscheiden, ob die Antipathie auf einem Vorurteil beruht, stellen sich zwei Fragen: Hat diese Rasse tatsächlich die ihr zugeschriebenen Eigenschaften? Und wenn ja, lässt sich dann die ihr geltende Abneigung noch als Vorurteil bezeichnen?

---

1 Beitrag zu einem Symposium über ›Vorurteile‹, das von den Medical and Social Sections der British Psychological Society am 23. März 1960 gemeinsam veranstaltet wurde.

Die alten Griechen hielten alle Kreter für Lügner und begründeten damit ihre Abneigung ihnen gegenüber. Aber wenn, was wahrscheinlich ist, diese Überzeugung nicht angemessen war – sondern vielleicht nur einen Aspekt der Wahrheit besonders hervorhob –, dann war die darauf beruhende Abneigung eindeutig ein Vorurteil. Die Entscheidung, ob es sich um ein Vorurteil handelt oder nicht, ist erst dann schwierig, wenn eine bestimmte Rasse tatsächlich über eine Eigenschaft verfügt, die Abneigung auslöst. Denn dann könnte die Entscheidung auf den ersten Blick, etwas künstlich, von der Art dieser Eigenschaft abhängen. Die meisten Menschen würden sagen, es sei ein Vorurteil, einer Rasse wegen ihrer Hautfarbe mit Abneigung zu begegnen, aber dass es kein Vorurteil wäre, sie wegen ihrer Arroganz abzulehnen – da für unser Gefühl Arroganz eine Eigenschaft ist, die man mit einer gewissen Berechtigung nicht schätzt.

Wir stehen dann also zunächst vor dem Problem, ein Kriterium – wenn es so etwas überhaupt gibt – finden zu müssen, anhand dessen zwischen einer ›angemessenen‹ und einer ›unangemessenen‹ Abneigung gegenüber Eigenschaften unterschieden werden kann, die uns bei Anderen tatsächlich begegnen.

Ein Biologe könnte darüber spekulieren, dass es möglicherweise eine angeborene Abneigung gegen etwas gibt, das anders ist als wir selbst – denn manchmal findet sich etwas in dieser Art, was dann die Fortpflanzung zwischen eng verwandten Varianten derselben Spezies verhindert. Wenn dies der Fall wäre, würde dabei die Vernunft, ob zu Recht oder nicht, überhaupt keine Rolle spielen. Ein Anthropologe könnte darauf hinweisen, dass jede Gesellschaft es tendenziell ›angemessen‹ findet, Abneigung gegen Einstellungen zu empfinden, die sich von den für sie selbst spezifischen kulturellen Standards unterscheiden. Und hier geht es nur relativ betrachtet um Vernunft – in dem Sinn, dass wir es vernünftig finden, uns an die in unserer Gruppe geltende Einstellung zu halten –, weil die Vernunft uns hier nur ein relatives Kriterium zur Verfügung stellt, da es von Kultur zu Kultur variiert, was als Vorurteil gilt.

Aber was vernünftig ist – in dem Sinn, dass es auf Vernunft basiert –, sollte eigentlich überall gleichermaßen gelten. Es könnte also, bevor wir unsere Suche nach einem zutreffenderen Kriterium aufgeben, sinnvoll sein, unser Problem in psychoanalytischen Begriffen neu zu formulieren und zwischen einer ›normalen‹ und einer ›abnormalen‹ Abneigung zu unterscheiden. Denn normal in diesem Sinn ist nicht notwendigerweise das, was den Standards irgendeiner bestimmten Kultur entspricht, sondern normal ist dann, was das Ergebnis eines ausgewogenen und gut integrierten Denkens und Fühlens ist; und das ist ein Standard, der nicht unbedingt von der Kultur abhängig ist, der wir zufällig angehören.

Sie werden sich daran erinnern, dass wir über die ›Abneigung‹ gegenüber Eigenschaften gesprochen haben, die bei Menschen tatsächlich anzutreffen sind, und nicht über Eigenschaften, die ihnen fälschlicherweise zugeschrieben werden. Und dann stehen wir vor dem Problem, entscheiden zu müssen, wann diese Abneigung pathologisch ist. Tatsächlich meine ich, dass die meisten Formen einer pathologischen Abneigung mit einem verzerrten Bild ihres Objekts einhergehen. Aber ein unbewusster Affekt kann manchmal die Bewertung eines Objekts verkehren, ohne die Wahrnehmung dieses Objekts sonderlich zu verzerren. Zum Beispiel könnte ein etwas zurückgebliebener Junge, der seine klügeren Mitschüler beneidet, sich einreden, dass es nichts zu bedeuten hat, klug zu sein, sodass er die Anderen dann bewusst wegen ihrer Klugheit ablehnt. Das Bild, das er von ihnen hat, unterliegt hier keiner entscheidenden Verfälschung; er verleugnet nicht, dass sie klug sind. Aber er verleugnet, dass Klugheit etwas ist, das er beneidet und wertschätzt. Anders ausgedrückt ist seine Verachtung pathologisch, weil sie auf mangelnder Selbsterkenntnis beruht; er ist nicht genügend integriert, um zu merken, dass er etwas beneidet, was er zu verachten behauptet. Aus demselben Grund könnte seine Entwertung der Klugheit einer Therapie zugänglich sein, wenn ihm die zugrundeliegende positive Bewertung bewusst gemacht werden könnte. Wir könnten seine Verachtung auch ›unbegründet‹ nennen, weil fehlerhafte Begründungen mitspielen. Allerdings wirkt sich dies nur auf sein Selbstbild aus, ist also im Wesentlichen ein Vorurteil.

Es scheint also klar zu sein, dass die Bewertung eines Objekts von Vorurteilen geprägt sein kann, selbst wenn das Bild dieses Objekts nicht sonderlich verzerrt ist. Mein Beispiel gehört zu dem, was man als ›Saure-Trauben‹-Typus bezeichnen könnte, weil – wie Melanie Klein im Einzelnen herausgearbeitet hat – das Objekt, das man begehrt, aber nicht besitzt, durch Neid vergiftet sein kann.

Nachdem ich hoffentlich diese Schwierigkeit ausgeräumt habe, können wir uns den viel klareren Arten von Vorurteilen zuwenden, die einem verzerrten Bild des Objekts gelten. Wenn irgendwelche nationalen oder rassistischen Vorurteile nach dem ›Saure-Trauben‹-Modell entstehen und dazu führen, dass ein Nachbar unbewusst um seine aktive Energie und seinen Wohlstand oder vielleicht um seine passive Ausgeglichenheit und Weisheit beneidet wird, ist es damit selten genug, da eine einmal geweckte Abneigung tendenziell auch das Bild des Objekts verfälscht. Es gibt zwei Möglichkeiten, wie es dazu kommen kann, die einzeln oder gemeinsam zu beobachten sind: Die andere Nation oder Rasse kann um eine gute Eigenschaft beneidet werden, über die sie tatsächlich verfügt, oder es kann ihr eine schlechte Eigenschaft zugeschrieben werden, die sie nicht hat.

Eine gute Eigenschaft zu verleugnen, ist häufig eine Alternative zu unbewusstem Neid. Hätte der neidische Junge nicht verleugnet, dass er Klugheit schätzt, hätte er vielleicht stattdessen verleugnet, dass seine Mitschüler klug sind. An dieser Stelle muss ich meine Argumentation unterbrechen und einfügen, dass unbewusster Neid keineswegs diese Effekte haben muss. Er kann sich auch hinter einer übertriebenen Idealisierung verbergen. In diesem Fall besteht ein positives Vorurteil, bei dem die guten Eigenschaften des Objekts hervorgehoben und die schlechten vernachlässigt werden. Primitive Völker haben manchmal ihre Eroberer in dieser Weise übermäßig idealisiert. Aber diese Einstellungen sind natürlich wenig stabil; wenn sie zusammenbrechen, tritt das zugrundeliegende negative Vorurteil hervor – manchmal mit explosiver Heftigkeit.

Um noch einmal auf das zuvor angeführte übersichtliche Beispiel zurückzukommen, bei dem der unbewusste Neid das Bild des Objekts verzerrt und ihm die beneidete Eigenschaft abspricht: In diesem Fall muss nicht verleugnet werden, dass etwas beneidet wird, was als Vorzug des Anderen erlebt wird. Was aber – oft trotz überwältigender Beweise – verleugnet wird, ist, dass Andere mehr davon haben als man selbst. Deshalb könnte der neidische Junge sich trotz seiner schlechten Noten einreden, dass die Anderen mit den besseren Noten nicht intelligenter sind als er, sondern nur bei der Prüfung ein besseres Gedächtnis und mehr Glück hatten. Er beraubt sie in seiner Phantasie und beansprucht insgeheim, selbst der Intelligentere zu sein. Ähnlich verhalten sich manche kriegerischen

Völker, für die Mut eine hohe Bedeutung hat, wenn sie Andere um ihren Mut beneiden, ihnen diesen Mut dann absprechen und nur sich selbst zugutehalten.

Oft geht dies mit einer anderen, und wie ich vermute, besonders häufigen Verzerrung einher, bei denen Anderen schlechte Eigenschaften zugeschrieben werden, die sie *nicht* haben, oder tatsächlich vorhandene Eigenschaften übertrieben werden. Sicher haben Sie den neidischen Schüler inzwischen etwas satt, aber ich möchte ihn doch noch einmal als Beispiel anführen. Vielleicht entwertet er Klugheit in einem ersten Schritt lediglich aufgrund eines Vorurteils, verleugnet dann, dass seine Rivalen tatsächlich klug sind, um ihnen schließlich Arroganz vorzuwerfen – egal, ob es die bei ihnen gibt oder nicht. In anderen Worten, er findet sie dumm und arrogant, was natürlich genau auf ihn zutrifft, ohne dass er das weiß.

Die meisten der auf Vorurteilen beruhenden Abneigungen beruhen meines Erachtens auf ›Projektionen‹ dieser Art. Jeder von uns verfügt über viele Facetten; und wenn eine oder mehrere dieser Facetten sich nicht gut mit den anderen vertragen, werden sie abgespalten und in andere Menschen projiziert – wie im Gleichnis vom Splitter im eigenen und dem Balken im Auge des Anderen. Das passiert uns, wie ich meine, nicht einfach so. Vielmehr halten wir Ausschau nach einem geeigneten Ziel, in das wir diese uns fremd erscheinenden Aspekte projizieren, um sie dann bei Anderen stark vergrößert wahrzunehmen. Das Ergebnis ist ein Vorurteil vom Typus ›Balken im Auge‹, das zwei Aspekte hat: Der eine Aspekt ist günstig für uns, der andere ungünstig für die Person oder Gruppe, in welche die bei uns selbst verleugnete Eigenschaft projiziert wird.

In jedem Individuum hat die abwehrbedingte Projektion eine lange Vorgeschichte, die bis in die von Melanie Klein beschriebene ›paranoid-schizoide Position‹ der Säuglingszeit zurückreicht, und sie folgt Mustern, die in dieser Zeit angelegt wurden. Auf diese Weise werden nicht nur Merkmale oder Teile des Ichs projiziert, sondern auch das Über-Ich und andere innere Figuren; und es werden auch nicht nur Eigenschaften projiziert, die in den Augen des restlichen Ichs schlecht sind, sondern auch solche, die im Erleben des Individuums zu ›gut‹ sind, um neben den anderen existieren zu können, sodass das daraus resultierende Vorurteil entweder negativ oder positiv sein kann.

Aufgrund seiner Vorgeschichte wird jeder vermutlich gerade solche Eigenschaften in Andere projizieren, die für ihn selbst spezifisch sind; prüde Menschen projizieren vermutlich tendenziell ihre eigene Sinnlichkeit in Andere, um dann Vorurteile über deren angebliche Zügellosigkeit zu entwickeln usw. Allgemein gesprochen ließe sich wahrscheinlich die Art der negativen Vorurteile jedweden Individuums aus der Beschaffenheit seines Über-Ichs und seines Ichideals herleiten.

Freud hat diese Begriffe eingeführt, aber nie genau definiert, in welchem Verhältnis sie zueinanderstehen. Aber da ein Über-Ich ein ›internalisierter‹ und wahrscheinlich übertriebener Aspekt einer Elternfigur ist, der vom Ich getrennt bleibt, könnten wir vielleicht sagen, dass ein Ichideal ein wahrscheinlich übertriebener Aspekt einer Elternfigur ist, mit der das Ich sich – im Grunde genommen auf hypomane Weise – identifiziert hat. Es dem Über-Ich nicht recht zu machen, weckt Schuldgefühle, während lediglich Schamgefühle ausgelöst werden, wenn es nicht gelingt, den Erwartungen des Ichideals zu genügen. Wichtig ist mir hier, dass genau die Charakterzüge bei uns, die leicht Schuld- oder Schamgefühle wecken, geeignet sind, abgespalten und in Andere projiziert zu werden.

Entsprechend würde ich, falls sich so etwas wie ein Gruppen-Über-Ich oder ein Gruppen-Ichideal definieren ließe, erwarten, dass es zu Gruppen-Vorurteilen aufgrund der Projektion von Eigenschaften kommt, die von diesen inneren Elternfiguren nicht gebilligt werden oder nicht mit ihnen vereinbar sind.

Wenn ein Engländer im letzten Jahrhundert gebeten wurde, einen typischen Engländer zu beschreiben, hätte er, so pflegte man zu sagen, den Herzog von Wellington gewählt. Anders gesagt, wir versuchten, uns mit ihm als unserem Gruppen-Ideal zu identifizieren. Angesichts der bei ihm bewunderten Gelassenheit galt es als besonders beschämend, wenn man sich in einer Krisensituation aufregte. Gleichzeitig ging man davon aus, dass dies aber bei allen Ausländern unweigerlich der Fall wäre – womit dann irgendein tatsächlicher Unterschied zu einer fremden Nation, für die Gelassenheit nicht Teil ihres Gruppen-Ideals war, übertrieben wahrgenommen werden musste.

Nicht nur wegen der übersteigert wahrgenommenen Aufgeregtheit der Anderen wird daraus ein Vorurteil, sondern auch wegen der dieser Aufgeregtheit geltenden übertriebenen Verachtung, die der Spaltungsvorgang ebenfalls mit sich gebracht hat. Gut integrierte Menschen hätten immer noch ihre Abneigungen, nur könnte man diese nicht mehr als Vorurteile bezeichnen, da sie nicht mehr auf fehlerhafter, insbesondere schizoider Argumentation beruhten. Es wäre wahrscheinlich ebenso schwierig, eine Liste ›normaler‹ Abneigungen zu erstellen, wie es schwierig wäre, eine Liste pathologischer bzw. auf Vorurteilen beruhender Abneigungen anzulegen. Aber Abneigung gegenüber denjenigen, die uns tatsächlich existentiell bedrohen, oder solchen, die wirklich arrogant oder heimtückisch sind und deshalb keine verlässlichen Freunde sein können, fände ich normal. Darüber hinaus gehe ich davon aus, dass die Abneigungen gut integrierter Menschen viel einheitlicher sind, als üblicherweise angenommen wird.

Die bis jetzt aufgeführten Abwehrmechanismen – die aus Neid erfolgte Verkehrung einer anfänglichen Wertschätzung, die ebenfalls auf Neid beruhende Verleugnung der Eigenschaften Anderer und die Projektion uns nicht bewusster Eigenschaften in Andere – spielen, zusammen mit weiteren Varianten, bei der Entstehung von Vorurteilen eine Rolle. Aber ich denke, es gibt noch einen weiteren, viel allgemeineren Mechanismus, der bewirkt, dass Vorurteile beibehalten werden, wenn sie erst einmal entstanden sind. Er äußert sich als fehlende Bereitschaft – manchmal sogar Unfähigkeit –, Überzeugungen zu revidieren, an die wir uns gewöhnt haben.

Um den Widerstand gegen das Revidieren einmal etablierter Überzeugungen und Glaubenssysteme zu verstehen, müssten wir zunächst voll und ganz verstehen, wie sie überhaupt entstanden sind. Dies ist ein faszinierendes und keineswegs vollständig gelöstes Problem. Aber in dem Maß, in dem ein Glaubenssystem ein System an Klassifikationen enthält, beinhaltet es die Anordnung von Dingen entsprechend ihrer erkennbaren Unterschiede und Ähnlichkeiten. Nun könnte man das Feststellen von Unterschieden und Ähnlichkeiten als gewissermaßen domestizierte Formen primitiverer und emotional aufgeladener Spaltungs- und Integrationsprozesse bezeichnen. Mit Hilfe dieser primitiven gewaltsamen Mechanismen, die sowohl mit Hass als auch mit Liebe verknüpft zu sein scheinen, konstruiert der Säugling sein erstes phantastisches Weltbild. Darüber hinaus bezieht sich die früheste Klassifikation vor allem darauf, alle ›bösen‹ Objekte von allen ›guten‹ Objekten getrennt zu halten, was sehr viel weniger mit den tatsächlichen Eigenschaften der Objekte zu tun hat als mit der Abwehr unerträglicher Ängste, die eine Vermischung dieser beiden Kategorien auslösen würde.

Im Verlauf einer normalen Entwicklung werden diese Mechanismen nach und nach weniger gewaltsam und können dann realistischer eingesetzt werden, bis sie schließlich in ihrer domestizierten Form, wie ich sie nenne, die Klassifikationssysteme hervorbringen, anhand derer wir uns orientieren – ganz besonders, wenn es um die Frage geht, was wir in Bezug auf Ideale, Menschen, Klassen, Parteien oder Nationen gut oder schlecht finden. Aber wenn die Beweise, aufgrund derer wir Objekte in Klassen eingeteilt haben, unvollständig waren – was sowohl daran liegen kann, dass uns weitere Beweise nicht zur Verfügung standen, als auch daran, dass wir sie aufgrund unserer Vorurteile ignoriert haben –, könnte das daraus entstehende System falsch sein. In diesem Fall laufen wir Gefahr, das System revidieren zu müssen, falls möglicherweise neue Beweise auftauchen oder wir nicht umhinkommen, uns mit alten und zuvor ignorierten Beweisen auseinandersetzen zu müssen. Was daraus folgt, wird sowohl vom Ausmaß der erforderlichen Revision abhängen, als auch von der inneren Stabilität des Betreffenden. Wenn es aber um eine umfassende Revision geht, kann sie nicht gelingen, ohne dass man zwischen dem Zusammenbruch des alten Systems und der Entwicklung eines neuen Systems eine Zeit durchmacht, die immer schmerzhaft verwirrend und, im Extremfall, durch eine Art intellektueller Panik gekennzeichnet ist. Deshalb könnte es passieren, dass wir uns dieser Verwirrung und Beunruhigung nicht stellen – dieser Regression auf einen der schmerzlichsten kindlichen Zustände, wie ich meine – und es vielleicht vorziehen, neue Beweise, die unserem etablierten Glaubenssystem widersprechen, zu ignorieren.

Man könnte dies als ›dogmatische‹ Form eines Vorurteils bezeichnen. Ich vermute, dass es eine Hauptrolle bei der Aufrechterhaltung von Gruppenanimositäten zwischen Rassen, Nationen oder Parteien spielt, deren religiöse oder politische Glaubenssysteme sehr unterschiedlich sind. Um sie zu überwinden, müsste mindestens eine Seite oder müssten sogar beide Seiten das System, mit dem sie aufgewachsen sind, erheblich revidieren, was vermutlich besonders großen Widerstand hervorruft.

Diese Intoleranz gegenüber einer Verwirrung könnte nicht nur für die Beibehaltung eines Vorurteils verantwortlich sein, sondern auch für seine Entstehung. Wenn Menschen angesichts der ungewissen Aussage einer widerlegten Beurteilung beunruhigt reagieren, urteilen sie wahrscheinlich übereilt. Und dies entspricht, wie Sie sich erinnern werden, der Definition eines Vorurteils im Wörterbuch.

In dieser Arbeit habe ich mich – wenn auch nur sehr allgemein – lediglich mit den psychologischen Faktoren beschäftigt, die uns für Vorurteile anfällig machen. Aber ein spezifisches Vorurteil ist etwas, das wir uns, ähnlich wie eine Erkältung, ›einfangen‹ können, wenn wir sowohl anfällig dafür sind als auch einer Infektion ausgesetzt. Zum Beispiel würde wahrscheinlich bei zwei Völkern, die jeweils eine Vorliebe für einseitige und irreführende geschichtliche Darstellungen haben, diese Vorliebe nicht ausreichen, um ein schwerwiegendes Vorurteil aufkommen zu lassen, wenn nicht alle ihnen leicht zugänglichen Bücher über das jeweils andere Volk einseitig und irreführend wären. In anderen Worten, um ein Vorurteil wirklich zu verstehen, muss es sowohl aus einem psychologischen als auch einem sozialen Blickwinkel untersucht werden.[2]

Da niemand so einfach an einem Vorurteil festhalten kann, nachdem er entdeckt hat, dass es eines ist, muss jede Untersuchung – egal aus welchem Blickwinkel – dazu tendieren, den Umfang des zu untersuchenden Vorurteils zu reduzieren. Und da die vielen Probleme, vor denen die Menschheit steht, wahrscheinlich leichter durch einen vorurteilsfreien als durch einen vorurteilsbehafteten Ansatz zu lösen sind, muss jede Untersuchung für uns sowohl von praktischem Interesse als auch einem ausschließlich theoretischen Interesse sein. Wenn, wie ich überzeugt bin, viele soziale Konflikte vor allem auf einem Vorurteil beruhen und weniger auf einem Konflikt ums Überleben, dann ist ein tieferes und umfassenderes Verständnis für seine psychologischen und sozialen Determinanten in der Tat eine notwendige Voraussetzung für eine harmonischere Welt.

2 Dies gilt insbesondere für die wirklich wahnhaften Ausbrüche von Vorurteilen, zu denen Gruppen manchmal neigen.

## Nachtrag

Zu den verschiedenen Formen der in dieser Arbeit klassifizierten Vorurteile zählte ich auch solche, die dem entsprechen, was das Über-Ich eines Menschen nicht gelten lässt. Aber wie Frau Klein in der Diskussion nach diesem Vortrag ausführte, kann jemand auch mit seinem Über-Ich auf Kriegsfuß stehen und in diesem Fall seine Vorurteile eher revidieren. Und nachdem Dr. Winnicott meine Arbeit gelesen hatte, erinnerte er mich in einem Brief an die Mechanismen, aufgrund derer Leute Vorurteile entwickeln können gegen die Vorurteile, mit denen sie aufgewachsen sind oder sich vorstellen, aufgewachsen zu sein. Da konträre Vorurteile dieser Art sehr häufig und oft genauso irrational sind wie die Vorurteile, gegen die sie sich richten, sollten sie sicherlich nicht übergangen werden.

*Aus dem Englischen übersetzt von Antje Vaihinger*

# Einführung zu Kapitel 7

*Ein psychoanalytischer Blick auf die Politik* verdankt seine Entstehung offensichtlich einer Anfrage im Jahr 1964 durch den Verleger der Zeitung *Observer,* David Astor, wie aus Roger Money-Kyrles vorangestellter Anmerkung abzuleiten ist. David Astor war über viele Jahre bei Anna Freud in Analyse und nicht nur von der klinischen Bedeutung von Psychoanalyse für die je individuellen Behandlungen überzeugt, sondern auch von deren Wichtigkeit für zentrale gesellschaftliche Fragen mit ihren historischen Wurzeln. Er unterstützte verschiedene Forschungsprojekte, die u. a. Auskunft geben sollten, welche Lehren aus der Geschichte des Dritten Reichs für die jetzige Gesellschaft zu ziehen seien.

Vor diesem Hintergrund ist es naheliegend, dass Roger Money-Kyrle mit seinen einschlägigen Büchern *Psychoanalysis and Politics* (1951) und *Man's Picture of his World* (1961) als geeigneter Autor erschien, um fundiert aus analytischer Sicht Grundsätzliches zum Bereich der Politik für eine breitere Leserschicht auszuführen. Im Kern geht es dabei darum aufzuzeigen, wie irrationale Aufladungen in der Politik mit seelischen Verfassungen zusammenhängen, zu deren Aufklärung Sigmund Freud und Melanie Klein grundlegend beigetragen hatten. Die damit verknüpfte Hoffnung besagte, ein Wissen über unbewusste Mechanismen und deren mögliche Rollen würde in polarisierten Situationen aufmerken lassen und könne zu Korrekturen führen, wenn man sich über die einzelnen Faktoren Rechenschaft ablegt.

In vorliegendem Artikel skizziert er das vermutete stammesgeschichtliche Schicksal der »Gleichzeitigkeit von Loyalität und Rücksichtslosigkeit«, über Einsicht in letztere als »Hauptsünde« hin zu den diversen Abwehrstrategien derselben. Er zeigt auf, wie sie auf Eifersucht und Neid in den familiären Konstellationen im Kleinkindalter zurückgehen – die familiären Wurzeln ließen sich schon in Begrifflichkeiten wie »*Vater*land« oder »*Bruder*schaften« erkennen. In *Psychoanalysis and Politics* widmete er den ganzen ersten Teil einer systematischen, theoretischen Begründung seines Ansatzes. Eine Linie sei hieraus benannt. Anschaulich führt er dort u. a. aus, wie die Angewiesenheit und extreme Hilflosigkeit des Menschen – manchmal verschärft durch überlanges Warten-Müssen – während der ersten Monate zu wütenden und panischen Attacken führen können. Sie seien zugleich Ursache und Wirkung der zerstörerischen »bösen« Objekte und der zerstörten »guten« Objekte, die in diesen frühen Stadien körpernah erlebt werden. Wir alle haben so unvermeidlich mit unbewussten Schuldgefühlen zu tun – und auf einer Ebene sind diese jeweils mit phantasmatisch bösen Figuren verknüpft, die entsprechend verfolgend erlebt werden.

Schon 1947 (in diesem Band) hatte Money-Kyrle dargelegt, die abstrakte Begrifflichkeit in der Politik eigne sich besonders für die Aufladung durch unbewusste Phantasien. 1951 kam er auf diesen Punkt zurück, nach dem Menschen, die in ihrer alltäglichen Welt durchaus rational agieren, aber schnell irrational denken, sobald sie sich in die politische Welt mit ihren personifizierten Abstraktionen bewegen. »Den« Sozialisten, Russen etc. begegne er auf der Straße nicht und seine emotionale Reaktion gelte hier eher phantasmatischen, idealisierten oder bösen Figuren als wirklichen Objekten. Wenn eine andere Gruppe als böse aufgrund einer Identifizierung mit einem bösen Phantasieobjekt erlebt werde, löse das unbewusst persekturische Ängste aus. Sie könnten dazu führen, übermäßig misstrauisch zu sein, und im Extremfall greife man die andere Gruppe in vermeintlicher Selbstverteidigung an. Tatsächlich wird dann die eigene Destruktivität im Anderen bekämpft.

Wenn die ausgelösten unbewussten Ängste sehr ausgeprägt seien, umgingen wir sie, indem wir sie bewusst verleugneten oder die Feindseligkeit eines unversöhnlichen, unerbittlichen Gegenübers unterschätzten. Das klassische Beispiel eines solchen Wunschdenkens stellte die verzweifelte Hartnäckigkeit dar, mit der so viele am Vorabend des Zweiten Weltkriegs entgegen aller Evidenz dem Glauben anhingen, Hitler sei mit einem *»›honourable‹ settlement«* (einer ehrenhaften Beteiligung) zufriedenzustellen.

1964 kommt er auf diese Konstellation unter dem Stichwort »manische Abwehr« zurück und sieht darin die Erklärung, dass Großbritannien nahezu unvorbereitet in zwei Weltkriege verwickelt wurde.

Eine noch überraschendere Abwehr extremer Ängste, wenn die Spaltung zwischen guten und bösen Objekten instabil sei, stelle ein plötzlicher Seitenwechsel dar. Die Art von Idealisierung, die auf einer Kapitulation [*surrender*] gegenüber einem unbewusst weiterhin vorwiegend bösen Objekt basiere, werde dann oft besonders übertrieben. Die neue Loyalität müsse grenzenlos sein, denn unbewusst werde dieses Objekt gehasst und gefürchtet. Der Fanatismus vieler Nazi-Konvertiten sei dergestalt gewesen – sowohl bei Deutschen, die sich gegen ihre alten demokratischen Ideale wandten, als auch von Nicht-Deutschen, die sich gegen ihr eigenes Land richteten.

Diese Passagen seien hier herausgegriffen, um zu verdeutlichen, wie Money-Kyrle anhand des fatalen historischen Beispiels der Bedrohung durch Hitler-Deutschland Muster möglicher Mechanismen zu vermitteln sucht, zu denen eine nicht korrigierte Identifizierung anderer Gruppen mit einem bösen Phantasieobjekt im politischen Denken und Fühlen führen kann. Als typische Verzerrungen sieht er eine Zunahme der Aggression gegenüber diesen Gruppen oder aber eine Verringerung des Widerstands gegen die wirklich feindseligen und gefährlichen. Das Denken »degeneriere«, wenn diese Mechanismen dominieren. Es ist also von entscheidender Wichtigkeit, über eine möglichst umfassende Kenntnis unserer selbst zu verfügen, um nicht diesen Abwehrbewegungen das Feld zu überlassen. Wie das Bild des Einzelnen von der Welt, auch der politischen, beschaffen ist, hänge von der Fähigkeit ab, die innere Welt möglichst zutreffend wahrzunehmen. Diese sei umso größer, je mehr der Integrations- und Reifungsprozess vorangeschritten ist. In *Man's Picture of his World* (1961) geht er diesen Fragen ausführlich nach und untersucht die unbewussten Hindernisse, die sich einer rationalen Einschätzung entgegenstellen.

Wenn man sich beispielsweise nie ganz dem Schaden, den man mit seinen Angriffen verursacht hat, stellt, dann kann man auch nie das unrealistische Bild eines irreparabel geschädigten geliebten Objekts korrigieren. In Gefahrensituationen liegt die Flucht in kurzfristige Erleichterungen (in Alkohol u. a.) näher, statt zu versuchen sich zu verteidigen. Geschichtlich rüste man sich dann nicht früh genug gegen einen Feind, wenn die Mehrheit zu krank sei, sich die Gefahr des Unheils vor Augen zu führen und Maßnahmen zu ergreifen, solange noch Zeit ist. Eine Bedingung für das

Überleben eines demokratischen Systems sei, dass es eine stabile Mehrheit gibt, welche sich der inneren und äußeren Realität stellt und so auch längerfristige Notwendigkeiten in den Blick nehmen kann.

Zentral bleibt als Denkfigur die Selbsterkenntnis, sich die eigenen aggressiven, gierigen, neidischen und eifersüchtigen Regungen eingestehen zu können. Je weniger dies geschieht, je mehr stattdessen verleugnet und projiziert wird, umso verzerrter erscheint notwendigerweise unser Bild von uns selbst und den Anderen und Fremden, von der inneren und äußeren Realität. Roger Money-Kyrle weiß um die Verführungen, die auch das Wissen um solche Prozesse beinhalten, so dass er uns im letzten Abschnitt des hier vorgelegten Artikels von 1964 warnt, in politischen Auseinandersetzungen diese Prozesse nur beim Gegner ausfindig zu machen. Wir sind auf den unabschließbaren Prozess verwiesen, in dem wir immer wieder unwillkürlich Selbsttäuschungen der einen oder anderen Art erliegen. Darum wissen zu wollen, ist die Perspektive, die der Autor uns vorschlägt.

*Claudia Frank*

## Literatur


Money-Kyrle (1947): Soziale Konflikte und die Herausforderung für die Psychologie. In diesem Band.

Money-Kyrle (1951): *Psychoanalysis and Politics. A Contribution to the Psychology of Politics and Morals.* Westport Conneticut: Greenwood Press 1973.

Money-Kyrle (1961): *Man's Picture of his World.* London: Duckworth.

Pick, D. (2012): *The Pursuit of the Nazi Mind: Hitler, Hess and the Analysts.* Oxford University Press.

# Kapitel 7

# Ein psychoanalytischer Blick auf die Politik

[*Einleitende Bemerkung*, 1977]
Diese Arbeit wurde ursprünglich 1964 auf Anfrage der *20th Century* geschrieben. Dann wurde ich gebeten, sie für den *Observer* (unter demselben Verleger) zu kürzen. Aber bis jetzt ist die Arbeit weder in der vorliegenden noch in der gekürzten Fassung erschienen.]

Wenn wir die psychologischen Aspekte der Politik untersuchen wollen, hilft vielleicht zunächst ein Blick auf die letzten 500.000 Jahre der menschlichen Entwicklung. Denn nachdem der Mensch in diesem Zeitraum alle anderen Spezies überholt hatte, ist er im Kampf ums Dasein sein eigener und stärkster Rivale geworden. Nach Auffassung des verstorbenen Sir Arthur Keith[1] haben diese Umstände unserer Entwicklung dafür gesorgt, dass wir in unserer Einstellung unseren Mitmenschen gegenüber zweigeteilt sind – eine Einstellung, die uns in bewundernswerter Weise befähigt, in Gruppen zusammenzuarbeiten, wenn es darum geht, gegen benachbarte Gruppen in den Krieg zu ziehen. Anders ausgedrückt, haben wir zwar die Fähigkeit zu Liebe und Loyalität entwickelt, aber gleichzeitig die bei den meisten Spezies angeborene Hemmung verloren, unsere Artgenossen zu töten. Insbesondere muss diese Entwicklung mit einer neuen Bitterkeit bei sexuellen Rivalitätskämpfen einhergegangen sein, die bei anderen Spezies selten tödlich verlaufen. Anders dagegen beim Menschen, der unter Umständen seinen Rivalen tötet, falls er nicht durch entsprechende Gesetze in Schach gehalten wird. So oder so kann kein Psychoanalytiker irgendwelche Zweifel haben, wie mörderisch und grausam einmal geweckte Eifersuchts- und Neidgefühle im Unbewussten gegen andere Gefühle wüten.

1 Keith, A. (1946). Essays on Human Evolution. London: Watts & Co.

Dass Eifersucht und Neid in der Beziehung zu Eltern und Geschwistern bereits in der Kleinkindzeit geweckt werden, war eine der Entdeckungen Freuds, die besonders wenig willkommen war.

Man muss davon ausgehen, dass unsere entfernten Vorfahren sich anfangs gar nicht bewusst waren, welches Problem die Gleichzeitigkeit von Loyalität und Rücksichtslosigkeit in ihren Beziehungen für sie bereithielt: Konnten sie am einen Tag selbst unter der Gefahr, ihr eigenes Leben aufs Spiel zu setzen, das Leben ihres Nachbarn retten, so konnten sie ihn am nächsten Tag ohne irgendwelche Skrupel töten, falls er zu einem Rivalen geworden war. Wegen der inneren Spaltung ihrer Vorstellungwelt sahen sie darin keinen Widerspruch: Der geliebte Freund und der gehasste Feind blieben für sie zwei verschiedene Tierarten – ähnlich wie es uns heute passieren kann, wenn wir einen Krieg beginnen.

Nach und nach jedoch lernte der Mensch sich selbst besser kennen und wurde sich seiner Psychologie und ihrer Widersprüchlichkeit bewusst. Die Folge war, dass er vor einem neuen Problem stand – dem Problem eines schlechten Gewissens, mit dem er es seither immer zu tun hatte.

Gegen dieses neue Übel – denn als ein Übel muss er es erlebt haben – entwickelte er andere psychische Abwehrmaßnahmen. Es reichte nicht mehr aus, die Spaltung im Objekt seiner ambivalenten Gefühle aufrechtzuerhalten. Um seinen unbewussten Schuldgefühlen auszuweichen, fing er an, eigene Anteile abzuspalten – vor allem die unzüchtigen und mörderischen Anteile – und sie Sündenböcken aufzuladen. Wie schon Freud anmerkte, können auch bereits verurteilte Verbrecher diese Funktion haben; mit ihrer Hilfe kann der gesetzestreue Bürger ausblenden, dass er unter anderen Umständen vielleicht genauso schlimm sein könnte.

Doch trotz all dieser Abwehrmaßnahmen ließ ihre zunehmende Fähigkeit, sich ihrer selbst bewusst zu werden, unseren Vorfahren keine Ruhe. Diese Introspektion, die sie mit ihren depressiven und Schuldgefühlen in Kontakt brachte, wirkte auf sie zunächst wie die Hauptsünde. Dies lässt sich, wie Dr. Bion in seinem kürzlich erschienenen Buch[2] ausführt, aus verschiedenen frühen Mythen ableiten. Der Mensch aß vom Baum der Erkenntnis und wusste fortan, was gut und was böse war, und er wuss-

2 Bion, W. R. (1963), *Elements of Psycho-Analysis*. Dt.: *Elemente der Psychoanalyse*, Frankfurt a. M.: Suhrkamp 1992.

te, dass er nackt war und aus dem Paradies ausgewiesen wurde. Ödipus' Selbstbestrafung folgte nicht auf seine Tat, sondern auf die *Entdeckung* seiner Tat.

Man kann sich den Ödipusmythos als eine mit großer dichterischer Einsicht gelungene Ausgestaltung der unbewussten Bedeutung von Ereignissen vorstellen, die zur damaligen Zeit wahrscheinlich nicht ungewöhnlich waren. Ein Häuptlingssohn unternimmt einen Raubzug, oder vielleicht auch einen Aufstand, gegen den Häuptling eines benachbarten Stammes, tötet ihn und nimmt sich seine Frau. Für einen weniger introspektiven Fürsten als Ödipus hätte es keinen Konflikt bedeutet, einerseits seinen Eltern und deren Ehe Loyalität und Respekt zu erweisen und andererseits einem anderen Paar gegenüber, das dieselbe Position wie seine Eltern einnahm, also unbewusst für diese stehen konnte, zum Mörder und Vergewaltiger zu werden. Oder er hätte sich, wenn es ihn vorübergehend doch belastet hätte, durch eine Reinigungszeremonie Erleichterung verschafft und die Schuld einem Sündenbock aufgebürdet. Ödipus repräsentiert einen Mann, der nicht so leicht seinen Seelenfrieden wiederfindet. Er selbst ist es, der die Verfolgung des Sündenbocks aufnimmt, bis er sich schließlich selbst entlarvt. Dann reißt er sich die Augen aus, was nicht nur eine Selbstbestrafung ist, sondern auch ein Angriff auf die Einsicht selbst, die ihm so viel Schmerz bereitet hat.

So gesehen verkörpert Ödipus den Menschen in einem kritischen Stadium seiner Entwicklung, einem Stadium, in dem er vor einer neuen Art von Wahl stand: der Wahl zwischen Selbsterkenntnis und Selbsttäuschung. Wie weitgehend er sich für die Selbsttäuschung entschied, ist etwas, das Propheten und Dichter meiner Ansicht nach schon immer gewusst haben. Aber erst seit Freud seine Technik der Psychoanalyse entwickelt hat, hat man angefangen, sie systematisch zu untersuchen.

Ich hoffe, dass mittlerweile klargeworden ist, warum diese Überlegungen für meine Frage nach der Beziehung zwischen Psychoanalyse und Politik relevant sind. Denn wenn die Psychoanalyse eine Methode ist, um Selbsttäuschungen offenzulegen, dann eignet sich die Politik sehr gut für das Aufdecken von Selbsttäuschungen, da unsere selbstbezogenen Interessen zwangsläufig mit unserem Wunsch in Konflikt geraten müssen, an die Uneigennützigkeit unserer Sorge um das Gemeinwohl zu glauben.

Um dies zu untersuchen, müssen wir jedoch etwas mehr über die allgemeinen Prinzipien wissen, die dabei eine Rolle spielen. Bei der Darlegung der menschlichen Entwicklung waren wir bis zu dem Punkt gekommen, an dem der Mensch sich seiner Konflikte nahezu bewusst geworden war, insbesondere seines schlechten Gewissens, und seiner Versuche, damit mithilfe verschiedener Formen der Selbsttäuschung umzugehen. Um sich diese Aufgabe zu erleichtern, scheint er, zumindest in den letzten Jahrhunderten, dazu übergegangen zu sein, sich weniger für sich selbst als für die Welt um sich herum zu interessieren[3] – was dazu geführt hat, dass in der Physik vergleichsweise riesige Fortschritte gemacht wurden.

Außerdem entwickelte er seine – unter Umständen sehr komplexen – Abwehrmechanismen weiter, um sich vor unangenehmen Wahrheiten zu schützen. Außer bei den primitivsten dieser Mechanismen ist ihnen allen eine gewisse Hypertrophie zu eigen, die einen Aspekt eines zielgerichteten Gedankens zu Lasten anderer hervorhebt. Um überleben zu können, sind wir nicht nur mit der Fähigkeit ausgestattet, uns vorzustellen, was wir brauchen, sondern auch mit der Fähigkeit, Mittel und Wege zu finden, um diese Bedürfnisse zu befriedigen. Manchmal scheinen wir in der ersten Hälfte dieses zweifachen Prozesses steckenzubleiben, sodass wir, statt uns anzustrengen, um unser Ziel zu erreichen, uns mit der Vorstellung zufriedengeben, es bereits erreicht zu haben.

Genauer lässt sich dies in den Begriffen von Freuds Theorie der »Zwei Prinzipien des seelischen Geschehens« fassen. Das Erste ist das Lustprinzip, das darauf abzielt, jegliche unangenehme Wahrheit zu verleugnen und durch eine angenehme Illusion zu ersetzen. Das Zweite ist das Realitätsprinzip, das durch die reife Fähigkeit gekennzeichnet ist, sich allen Prob-

3 Was vielleicht eine falsche Dichotomie zwischen Psychischem und Physikalischem ist, könnte teilweise dem Unterschied entsprechen, den wir einerseits zwischen autonomen und propriozeptiven Systemen, die mit dem Bewusstsein für Emotionen (nach der James-Lange-Theorie gleichbedeutend mit den Emotionen) verknüpft sind, und andererseits unseren fünf Sinnen machen, von denen wir unsere Vorstellung über äußere Objekte beziehen. Wenn dem so ist, dann könnte die Verlagerung des Interesses von der Innenwelt zur Außenwelt beispielsweise als Verlagerung unseres Interesses von unseren Eingeweiden zu den Augen verstanden werden – und das umfasst natürlich nicht nur unterschiedliche Empfindungen, sondern auch unterschiedliche Phantasien, die durch diese Empfindungen geweckt werden.

lemen sowohl in der inneren als auch in der äußeren Welt zu stellen und nach einer Lösung zu suchen.

Wir würden natürlich nicht lange überleben, wenn wir nicht in unserem Umgang mit der äußeren Realität überwiegend nach dem Realitätsprinzip handeln würden. Allerdings folgt, wenn wir uns im Umgang mit unserer eigenen Psychologie am Lustprinzip orientieren, die Bestrafung nicht so unmittelbar und offenkundig. Um ein einfaches Beispiel zu nehmen, das uns endlich direkt zur Anwendung der Psychoanalyse auf die Politik bringt: Wenn irgendjemand glaubt, seine politische Orientierung sei durch edle Motive inspiriert, obwohl sie eigentlich vor allem aus seiner unbewussten Gier oder seinem unbewussten Neid gespeist ist, ist es keineswegs offensichtlich, dass ihm seine angenehme Selbsttäuschung in irgendeiner Weise schadet. Warum sollten wir sonst versuchen, unsere Motive herauszufinden?

Alle, die wie Ödipus um jeden Preis nach der Wahrheit suchen, brauchen für ihr Vorhaben keine weitere Rechtfertigung. Aber bevor sie sich einer so schmerzhaften Anstrengung unterziehen, würden die meisten Menschen zumindest wissen wollen, welche Vorteile ihnen diese Anstrengung bringt. Und tatsächlich lässt sich zeigen, dass die kurzfristig erworbene Ruhe zu teuer erkauft sein könnte, wenn man an das dabei langfristig drohende Unheil denkt.

Um nur ein Beispiel zu nennen: Wenn es uns wegen der Dominanz des Lustprinzips nicht gelingt, uns selbst zu verstehen, führt dies zwangsläufig dazu, dass wir auch andere Menschen nicht verstehen. Wie katastrophal sich das im Privatleben auswirken kann, ist offenkundig. Man braucht nur an unglückliche Ehen und gestörte Kinder zu denken; Beispiele dafür kennt jeder. Meines Erachtens wirkt sich die Anwendung dieses Prinzips noch katastrophaler in der Politik aus, in der in einem größeren Maßstab die Beziehungen der Untergruppen zueinander und zu ihrer Regierung psychologisch den innerfamiliären Beziehungen entsprechen. Wenn schon nicht aus einem anderen Grund, dann wäre, gewissermaßen als Prophylaxe, ein Versuch der politischen Psychoanalyse die Mühe wert.

Einiges an Informationen gibt es bereits. Das Ziel einer psychoanalytischen Behandlung, die im Übrigen dasselbe ist wie psychoanalytische Forschung, besteht darin, die Gründe aufzuspüren, warum jemand nicht zu realitätsgerechtem Denken in der Lage ist. Und da für Analytiker gilt, dass politisches Denken ein Teil ihres Denkens insgesamt ist, haben sie die Gelegenheit herauszufinden, wie auch dieses in die Irre gehen kann. Ausgehend von den Konzepten, die sowohl von Melanie Klein als auch von Sigmund Freud eingeführt und ausgearbeitet wurden, möchte ich versuchen, einige der Abwehrmechanismen aufzuführen, die in der Politik gegen realitätsgerechtes Denken eingesetzt werden. Wie immer ist ihnen gemeinsam, dass sie zugunsten eines kurzfristig gewonnenen gewissen Gleichmuts die Aufdeckung der Wahrheit behindern.

Ich möchte zunächst auf die beiden bereits erwähnten Spaltungsmechanismen zur Abwehr von Ambivalenz und Schuldgefühlen eingehen und dann einen dritten hinzufügen – die sogenannte manische Abwehr –, die wie die beiden anderen etwas spezifisch Menschliches ist, wie ich meine. In diesen Mechanismen wird die primitive Art des Umgangs des Menschen mit seiner Ambivalenz gegenüber seiner eigenen Spezies deutlich – unbewusst liebt und hasst er seinen Nachbarn gleichzeitig –, die ihm innere Spannungen aufgebürdet hat, die es bei keiner anderen Spezies in einem vergleichbaren Ausmaß gibt.

Dass diese Spannungen, selbst wenn wir sie nicht bewusst wahrnehmen, wahrscheinlich nirgends gegenwärtiger sind als im Bereich der Politik, könnte man vermuten. Denn die Politik ist, in einer etwas zivilisierteren Form, die Fortsetzung der Stammeskämpfe, in die unsere Vorfahren in den späteren Stadien ihrer Evolution immer wieder verwickelt waren. Der Unterschied besteht natürlich darin, dass ein Sieg errungen werden kann, ohne die unterlegene Partei zu massakrieren, wenn es eine demokratische Verfassung gibt. Trotz alledem wird wahrscheinlich jede politische Frage, für die wir uns engagieren, akute unbewusste Konflikte hervorrufen, in denen eigennützige Interessen, die möglicherweise durch noch tiefer im Unbewussten verborgene rücksichtlose Gier- und Neidgefühle verstärkt werden, gegen unsere Bereitschaft kämpfen, auf die Interessen anderer Rücksicht zu nehmen.

Eine weitere Komplikation kommt noch hinzu: Die Parteien und Persönlichkeiten sowie die daran beteiligten abstrakteren Konzepte erlangen noch zusätzliche emotionale Bedeutung, weil sie unbewusst mit Familienmitgliedern, so wie sie in der frühen Familiengeschichte erlebt wurden, verknüpft werden – nicht unbedingt so, wie sie waren, sondern so, wie sie in der unbewussten Phantasie existieren. Begriffe wie ›Vaterland‹ und ›Bruderschaft‹ gehören zu den äußeren und sichtbaren Anzeichen für entsprechende unbewusste Identifikationen. Daraus folgt, dass die Struktur politischer Konflikte tendenziell dem einen oder anderen von zwei üblichen Mustern entspricht: eine Revolte der Kinder gegen ihre Eltern und ein Zank zwischen den Geschwistern um die Zuwendung der Eltern.

Wenn daher politische Maßnahmen nicht nur auf einem erwachsenen Niveau, sondern auch auf einem kindlichen Niveau, auf dem sie nach wie vor wirksam sind, persönliche Konflikte zwischen Altruismus und Egoismus hervorrufen, muss man davon ausgehen, dass am Lustprinzip orientierte Abwehrmechanismen ins Spiel kommen, um die Komplexität der inneren Probleme zu überdecken. Das durch die Spannungen im Zusammenhang mit der Ambivalenz, den Schuldgefühlen und verschiedenen Ängsten geweckte Unbehagen kann auf diese Weise weitgehend beseitigt werden – auf Kosten der Wahrheit.

Der Ambivalenz – dem Zustand, in dem der Nachbar gleichzeitig geliebt und gehasst wird – wird, wie schon gesagt, in der Regel mit einer primären Spaltung begegnet. Die Mitglieder der eigenen Partei hält man für gut, oder zumindest für besser als sie sind, während die Mitglieder der anderen Partei durch und durch schlecht zu sein scheinen – wie eine andere und unangenehmere Tierart. Wenn wir eine Wahl verlieren, tun wir uns wahrscheinlich selbst leid und empfinden Mitgefühl für die anderen Mitglieder unserer Partei. Wenn wir dagegen gewinnen, triumphieren wir, und die Gegenseite tut uns kein bisschen leid. Anders gesagt nehmen wir eine Haltung ein, die gerechtfertigt wäre, wenn unsere eigene Seite ganz und gar konstruktiv wäre und unsere Opponenten ganz und gar repressiv oder destruktiv wären. Die Situation, als Hitler 1933 bei der Wahl in Deutschland an die Macht kam, entsprach ziemlich weitgehend dieser Beschreibung. Aber die Aufteilung der Motive ist selten so klar erkennbar wie in diesem Fall. Worauf es mir ankommt, ist, dass wir tendenziell dazu neigen, sie in dieser Weise einseitig zu überzeichnen.

Einige der praktischen Konsequenzen dieser Art von Spaltung zeigen sich, wenn man politische Debatten mit der Diskussion unter den Mitgliedern eines gut funktionierenden Direktoriums vergleicht. Mit gut meine ich nicht nur, dass sie genau wissen, worum es geht, sondern auch, dass ihnen allen daran liegt, die bestmögliche Entscheidung zu treffen, egal, wer von ihnen als erster daran gedacht hat. Auch im Privaten läuft das Denken bestenfalls auf diese Weise ab: Bevor eine Entscheidung ansteht, kommt die Ansicht jedes Einzelnen zur Sprache. Aber wenn unser Denken erst einmal unter den Einfluss der Spaltungsmerkmale der Parteipolitik geraten ist, degeneriert unser Denken und aus einer Diskussion wird eine Auseinandersetzung. Einer inneren Stimme geht es dann nur noch darum, dem Anderen nachzuweisen, wie falsch sein Standpunkt ist, ohne diesen überhaupt ernsthaft in Betracht zu ziehen.

So viel zu den Abwehrmechanismen, die sich gegen die aus der Ambivalenz resultierenden Spannungen richten. Und nun zur Abwehr der Schuldgefühle. Das Schuldgefühl ist eine komplexe menschliche Emotion und hat eine komplexe Geschichte, zu der auch solche Instanzen wie das Über-Ich gehören, das Freud als erster entdeckt und untersucht hat. Ich möchte mich hier auf den Hinweis beschränken, dass Gier und Neid – Gefühle, von denen kein menschliches Wesen ganz frei ist – die wichtigsten Quellen für depressive Schuldgefühle sind, wie insbesondere Melanie Kleins Arbeit mit kleinen Kindern nachgewiesen hat. Insofern Gier und Neid unsere politischen Einstellungen beeinflussen – was sich unbewusst wohl kaum vermeiden lässt –, drohen uns Schuldgefühle. Um sie zu vermeiden, setzt die andere Form der Spaltungsabwehr ein und verstärkt die erste noch: Wir neigen dazu, unsere gierigen und neidischen Anteile abzuspalten und in unsere politischen Gegner zu projizieren. Die Folge ist, dass wir blind sind für die Auswirkungen dieser Motive in unserer eigenen Partei, sie aber, sozusagen verdoppelt, ausschließlich bei der Gegenseite verorten. Ein Nebeneffekt ist, dass es uns umso mehr an Mitgefühl fehlt, wenn die andere Seite in politischen Auseinandersetzungen verliert – denn für unser Empfinden haben sie nichts anderes verdient.

Damit meine ich nicht, es sei nie gerechtfertigt, sich über seine politischen Gegner zu empören. Aber inwieweit diese Empörung berechtigt ist, lässt sich nicht objektiv einschätzen, solange wir unser Bild unserer Kontrahenten nicht von der Verzerrung befreit haben, die unsere eigenen Projektionen angerichtet haben. Und das fällt keinem leicht, auch nicht erfahrenen Analytikern.

Eine weitere Komplikation ergibt sich aus der Tatsache, dass die beiden Spaltungsmechanismen – und ganz besonders der Abwehrmechanismus, der sich gegen Schuldgefühle richtet – in nicht geringem Maße Ängste wecken, die man genau genommen als psychotische Ängste bezeichnen müsste. Es funktioniert nicht, dass Menschen eigene böse Anteile abspalten und projizieren, ohne sich von ihnen verfolgt zu fühlen. Da der Ausgang einer Wahl sich vermutlich auf unsere Interessen und die Themen auswirkt, für die wir uns einsetzen, ist natürlich eine gewisse Angst rational genug. Diese Angst könnte aber durch ein hohes Maß an Verfolgungs- und paranoiden Ängsten, die aus der Spaltung und Projektion entstehen, noch zunehmen. Oder anders ausgedrückt, auf die beruhigende Illusion, man sei doch eigentlich viel netter, als man tatsächlich ist, folgt als Bestrafung, dass man sich noch stärker von außen bedroht fühlt – und zwar genau durch die gleichen Impulse, die man bei sich selbst verleugnet hat.

Wir haben es also mit zwei unterschiedlichen Formen von Angst zu tun – die eine ist rational, die andere nicht. Gegen diese Ängste können weitere Abwehrmechanismen eingesetzt werden, deren Wirkung paradoxerweise oft darin besteht, dass wir die unnötigen irrationalen Ängste loswerden, während uns die rationalen Ängste, mit denen wir uns in unserem eigenen langfristigen Interesse auseinandersetzen sollten, gar nicht bewusst werden.

Die realen Gefahren werden verleugnet, weil etwas in uns sie zwar vorhergesehen hat, aber viel zu beunruhigend empfand, um sich bewusst mit ihnen auseinanderzusetzen. In anderen Worten wurde etwas, das man als ›manische Abwehr‹ bezeichnet, eingesetzt, um kurzfristig eine gewisse innere Beruhigung zu erreichen. Aus meiner Sicht lässt sich anders nicht erklären, dass dieses Land nahezu unvorbereitet in zwei Weltkriege verwickelt wurde, die immer näherkamen und schließlich unausweichlich wurden, obwohl deren Anlässe schon viele Jahre zuvor nicht zu übersehen waren. Vielleicht werden andere Gefahren, die gleichermaßen offensichtlich sein sollten, heute in ähnlicher Weise verleugnet. Manche Leute denken dabei an die Gefahren, die sich aus einem zu raschen Bevölkerungswachstum ergeben.

Worauf es mir ankommt, ist aber ein allgemeinerer Gesichtspunkt: Weil sie sich nicht Sorgen über etwas machen wollen, das nicht unmittelbar bevorsteht, zögern die Menschen, sich langfristig politisch Gedanken zu machen. Dies könnte zumindest zum Teil darauf beruhen, dass die von mir erwähnten Verfolgungsängste in der aktuellen Situation viel zu beunruhigend sind.

Neben den bereits erwähnten Abwehrmechanismen – und es gibt noch weit mehr – gibt es einen Mechanismus, der meines Erachtens phylogenetisch älter und häufiger ist als einer der anderen. Wahrscheinlich kennt jeder Lernexperimente mit Tieren; wie ihnen zum Beispiel beigebracht werden kann, sich in einem Labyrinth zurechtzufinden, indem sie bestimmten Zeichen folgen, die mit Nahrung assoziiert werden, und andere vermeiden, bei denen sie einen schwachen Elektroschock erhalten. Aber wenn die beiden Zeichen einander immer ähnlicher gemacht werden, reagieren die armen Tiere in einer Weise verwirrt und geängstigt, die an eine psychotische Konfusion bei Menschen denken lässt. Dieser Geisteszustand ist außerordentlich schmerzhaft und wirkt zum Teil »paranoid-schizoid« (Melanie Klein) und zum Teil »konfus« – also wie eine »Mischung aus Verfolgungs- und depressiven Gefühlen« (Herbert Rosenfeld). Und da jeder von uns diesen Zustand, wenn auch unterschiedlich stark ausgeprägt, aus seiner Kindheit kennt, kann es uns allen passieren, dass wir unter mehr oder weniger starkem Stress in diese Verfassung regredieren. Auch die angeborenen oder aus der Umwelt stammenden, die günstigen oder ungünstigen Bedingungen, um diesem Zustand zu entwachsen, wurden und werden untersucht.

Ich möchte hier nur betonen, dass wir, um ihn zu überwinden, unsere Welt kennengelernt haben müssen. Oder, um es genauer zu formulieren, es gilt Theorien zu entwickeln, mit denen wir alles, was sich ereignet, zu erklären oder zu antizipieren versuchen. Da diese Theorien nun selten, wenn überhaupt, zutreffen, müssen sie von Zeit zu Zeit revidiert werden. Das gelingt aber nicht, ohne dass man vorübergehend wieder in diesen Zustand der Konfusion gerät, dem wir immer zu entkommen versuchen. Dass unsere Fähigkeit zu denken in nicht geringem Maß von unserer Fähigkeit abhängt, diese Zustände einer vorübergehenden Konfusion ohne allzu große Ängste auszuhalten, ist ein Punkt, auf den vor Kurzem Dr. Jaques und Dr. Bion aufmerksam gemacht haben. Menschen, die damit nicht gut zurechtkommen, neigen dazu, sich dogmatisch an jede einmal gebildete Theorie oder Meinung zu klammern, auch wenn sie angesichts einer neuen Beweislage revidiert oder vielleicht sogar ganz aufgegeben werden müsste. Natürlich spielen bei diesem Dogmatismus auch noch andere Motive eine Rolle, beispielsweise das Motiv, nicht zugeben zu können, dass man sich geirrt hat. Aber nach meiner Einschätzung ist die Angst vor Verwirrung das Hauptmotiv.

Der Aufgabe, politische Probleme neu zu durchdenken, wenn die alten Lösungen, die vielleicht zu ihrer Zeit gegolten haben, überholt sind, weichen wir aus all diesen Gründen aus oder schieben sie zumindest auf. Auf diese Weise bleibt uns unsere Seelenruhe kurzfristig erhalten, wenn auch um den Preis, dass wir an Einstellungen festhalten, die nicht mehr adäquat sind und deshalb gefährlich sein könnten.

Ich habe hoffentlich genügend deutlich machen können, dass es in der Politik vieles gibt, das von einer psychoanalytischen Sichtweise profitieren könnte. Aber schon während ich einen Versuch in dieser Richtung empfehle, sollte ich zwei Warnungen hinzufügen: Erstens lässt sich die Psychoanalyse leicht dazu missbrauchen, lediglich die Unzulänglichkeiten des politischen Gegners polemisch aufzuzeigen. Aber wenn wir uns dabei ertappen, ohne zunächst unsere eigenen Einstellungen einigermaßen gründlich untersucht zu haben, sollten wir davon ausgehen, dass wir nach dem Prinzip vom ›Balken und Splitter im Auge‹ vorgegangen sind und nach einem ›Sündenbock‹ gesucht haben. Und wenn wir zweitens dieses Denken alternativ auf uns selbst anwenden und glauben, dann leichter zu politischen Entscheidungen zu kommen, unterliegen wir meines Erachtens einem Irrtum, da es meistens sehr viel schwieriger wird, zu Entscheidungen zu kommen, wenn man merkt, dass viel mehr Faktoren im Spiel sind, als man zunächst angenommen hat. Andererseits kann nichts riskanter sein, als zu glauben, wir wüssten, wohin wir gehen, wenn wir es in Wirklichkeit nicht wissen; und das traf und trifft – davon bin ich überzeugt – weitgehend auf das politische Leben jedweder Nation zu.

*Aus dem Englischen übersetzt von Antje Vaihinger*

**Der Frankfurter Verlag für Psychoanalyse**

Roger Money-Kyrle

## Klinische Beiträge

Ausgewählte Schriften Band II

*132 S., Pb. Großoktav, € 24,90*
*ISBN 978-3-95558-301-9*

In diesem Band liegt der Schwerpunkt im Ausloten der unbewussten Phantasien, deren Manifestationen im Alltag zunächst »normal« erscheinen mögen, deren komplexe Abwehr von Begrenztheit und seelischem Schmerz aber entscheidend sind. In seinen Beitrag über die Tätigkeit des Psychoanalytikers eröffnet er u. a. mit seinen vergleichenden Bildern einen gut nachvollziehbaren Einblick, so beispielsweise, wenn er von einem Judas-Anteil in jedem von uns spricht. Anzuerkennen, dass wir das, was wir lieben, in der unbewussten Phantasie zerstört haben, ist Teil der analytischen Arbeit und der Ausgangspunkt von Wiedergutmachungsprozessen.

Roger Money-Kyrle

## Theoretische Arbeiten

Ausgewählte Schriften Band III

*160 S., Pb. Großoktav, € 24,90*
*ISBN 978-3-95558-302-6*

Die Qualitäten verschiedener Über-Ich-Organisationen stellen ein zentrales Forschungsfeld Roger Money-Kyrles dar. Band 3 enthält die Anfänge seiner einschlägigen Erkundungen nach Abschluss seiner philosophischen Studien und seinem sich nun vertiefenden Interesse an der Theorie der Psychoanalyse. Ein Beitrag zu Jeanne D'Arcs Stimmen gibt Einblick in die Systematik seines Denkens an einem zu jener Zeit aufgrund leichter zugänglicher Dokumente nun von ihm diskutierten Fall. Die am philosophischen Denken geschulte Reflexion seiner intensiven klinischen Erfahrungen münden schließlich Jahrzehnte später in eine grundlegende Arbeit zur kognitiven Entwicklung, die hier erstmals auf Deutsch zugänglich ist.

Roger Money-Kyrle

## Beiträge zum Verhältnis von Psychoanalyse und Philosophie

Ausgewählte Schriften Band IV

*ca. 200 S., Pb. Großoktav, € 24,90*
*ISBN 978-3-95558-303-3*

Das Verhältnis von Psychoanalyse und Philosophie hat Roger Money-Kyrle über sein gesamtes Werk hinweg beschäftigt. Wie kein anderer Schüler Kleins hat er sich systematisch mit den Beziehungen zu den Nachbarwissenschaften auseinandergesetzt. Der vorliegende Band beinhaltet grundlegende Texte zur Wirklichkeitslehre, zu Ethik, Anthropologie und Politik.

Kurt R. Eissler

Herausgegeben von

Konstanze Zinnecker-Mallmann

# Männer und Militär

Psychoanalyse der US-Armee als Institution im Zweiten Weltkrieg

Einführung von Mario Erdheim

1040 S., Großoktav, € 49,90
Hardcover mit Fadenheftung und Lesebändchen
ISBN 978-3-95558-283-8

Eisslers Studien sind umfangreich und ins Detail gehend, neu und auf die Gegenwart übertragbar – eine einzigartige Erkenntnisquelle.

*»Kurt R. Eisslers Buch über die US-Armee im Zweiten Weltkrieg ist die erste psychoanalytische Untersuchung einer zentralen Institution unserer Kultur. Sie zeigt, über welches kulturwissenschaftliche Potenzial die Psychoanalyse verfügt, aber auch, auf welche Widerstände ihre Erkenntnisse stossen. Eisslers Untersuchungen sind auch ein wichtiges Zeugnis der intellektuellen Verarbeitung von Vertreibung, Flucht und Holocaust. Berührend ist die Bedeutung, die dem Utopischen zukommt. Die USA erschienen zunächst als wahr gewordene Utopie und die US-Armee als Waffe, die den Faschismus endgültig zerschlagen werde.«*

(Mario Erdheim)

Roger Frie

# Nicht in meiner Familie

## Deutsches Erinnern und die Verantwortung nach dem Holocaust

Vorwort von Anna Ornstein

Aus dem Englischen übersetzt von Elisabeth Vorspohl

Deutsche Originalausgabe des 2017 unter dem Titel *Not in My Family. German Memory and Responsibility After the Holocaust* bei Oxford University Press, New York, USA, erschienenen Werkes

*316 S., Paperback Großoktav*
*Fadenheftung*
*€ 29,90*
*ISBN 978-3-95558-284-5*

*»Dieses Buch ist so bemerkenswert, weil ihm das beinahe Unmögliche gelingt: den Schmerz der Deutschen anzuerkennen, ohne die unvorstellbaren Leiden und Schmerzen, die Deutschland anderen zugefügt hat, je aus dem Blick zu verlieren. Leidenschaftlich und großherzig lässt Frie die Leser an seinen psychischen Prozessen teilhaben. In einem kontinuierlichen Prozess der Selbsterforschung und Selbstreflexion sucht er in den tiefsten Tiefen nach einer ›gelebten historischen Wahrheit‹ in sich selbst, nach der Wahrheit seines geliebten Großvaters mütterlicherseits, eines Mitglieds der Nazi-Partei, und dessen Komplizenschaft bei den Verbrechen, die das Nazi-Regime verübte.«*

(Dori Laub, MD, Clinical Professor of Psychiatry, Yale University School of Medicine, und Mitbegründer des Fortunoff Video Archive for Holocaust Testimonies)